Kohlhammer

Brennpunkt Schule

Herausgegeben von

Norbert Grewe
Herbert Scheithauer
Wilfried Schubarth

Heidrun Bründel

Notfall Schülersuizid

Risikofaktoren, Prävention, Intervention

Verlag W. Kohlhammer

Dieses Werk einschließlich aller seiner Teile ist urheberrechtlich geschützt. Jede Verwendung außerhalb der engen Grenzen des Urheberrechts ist ohne Zustimmung des Verlags unzulässig und strafbar. Das gilt insbesondere für Vervielfältigungen, Übersetzungen, Mikroverfilmungen und für die Einspeicherung und Verarbeitung in elektronischen Systemen.

1. Auflage 2015

Alle Rechte vorbehalten
© W. Kohlhammer GmbH, Stuttgart
Gesamtherstellung: W. Kohlhammer GmbH, Stuttgart

Print:
ISBN 978-3-17-025886-0

E-Book-Formate:
pdf: ISBN 978-3-17-025887-7
epub: ISBN 978-3-17-025888-4
mobi: ISBN 978-3-17-025889-1

Für den Inhalt abgedruckter oder verlinkter Websites ist ausschließlich der jeweilige Betreiber verantwortlich. Die W. Kohlhammer GmbH hat keinen Einfluss auf die verknüpften Seiten und übernimmt hierfür keinerlei Haftung.

Inhalt

Vorwort   9

I   **Suizid von Kindern und Jugendlichen**   13

    1   Suizidalität   15

    2   Epidemiologie   19
    2.1   Suizidhäufigkeit   19
    2.2   Geschlechtsspezifische Unterschiede   25
    2.3   Methodenwahl   25

    3   Risikofaktoren   27
    3.1   Depression   27
    3.2   Belastende Lebensbereiche   36

II   **Angloamerikanische Suizidpräventionsprogramme**   53

    1   Programmentwicklung in den 1980er und 1990er Jahren   55

    2   Einsetzende Kritik an den Programmen   58

    3   Einteilung in Programmkategorien und ihre kritische Wertung   60

	3.1	Psychoedukative Präventionsprogramme	61
	3.2	Screeningverfahren	67
	3.3	Gatekeeper-Programme	69
	3.4	Postventive Interventionen	72

III	Deutschsprachige Maßnahmen zur Suizidprävention in Schulen		75
	1	Notfallpläne	77
	2	Richtlinien für das Verhalten nach einem Suizid	80
	3	Fortbildungsveranstaltungen	82
	4	Unterrichtseinheiten	87

IV	Gesundheitsförderung		95
	1	Studien zur Gesundheit von Jugendlichen	97
	2	Die Bedeutung der Schule für die Gesundheitsförderung	100
	3	Förderung der positiven Entwicklung von Schülerinnen und Schülern	104
	4	MindMatters – Förderung der psychischen Gesundheit in und mit Schule	109

		Inhalt
V	**Wenn das Unvorstellbare passiert – Suizid eines Schülers**	**115**
	1 Eine Schule im Schock	117
	2 Krisenteam und Krisenmanagement	123
	3 Überbringung der Nachricht an die Schülerschaft	129
	4 Trauerverarbeitung	134
	5 Nachsorge	145
	6 Umgang mit suizidgefährdeten Schülerinnen und Schülern	150
VI	**Zusammenfassung**	**165**
Literatur		**171**
	Klinische Verfahren für Kinder und Jugendliche zur Abklärung depressiver Symptome	176
	Krisen- und Notfallordner	176

Zusatzmaterial
Als Kopiervorlagen gibt es einen PowerPoint-Foliensatz, der kostenfrei im Internet heruntergeladen werden kann (weitere Informationen finden Sie in Kapitel III, 3), sowie Literaturempfehlungen.

Vorwort

Der Gesundheitszustand von Jugendlichen wird im Allgemeinen als gut bezeichnet. Jedoch gibt es viele Jugendliche, die sich in ihrem subjektiven Wohlgefühl gestört und damit krank fühlen, auch wenn sie gesund und frei von organischen Krankheiten sind. Gesundheit wird »mehrdimensional als physisches, psychisches, soziales und ökologisches sich wechselseitiges beeinflussendes Wohlbefinden verstanden« (Deutsche Gesetzliche Unfallversicherung (DGUV) 2013, S. 17). Im Unterschied zur physischen Gesundheit wird die psychische Gesundheit oftmals unterschätzt. Sie trägt jedoch in entscheidendem Maße zum Wohlbefinden bei. Dies hat die Weltgesundheitsorganisation (WHO) im Jahr 2005 mit dem Slogan »There is no Health without Mental Health« ausgedrückt.

Der Begriff der psychischen Gesundheit orientiert sich am salutogenetischen Modell von Antonovsky (1997). Es besagt, dass psychische Gesundheit nicht mit bloßer Abwesenheit von psychischen Störungen gleichgesetzt werden kann, sondern an die Fähigkeit gekoppelt ist, sich flexibel und angemessen auf externe und interne Lebensbedingungen einzustellen. Das wiederum erfordert, eigene Potentiale zu verwirklichen und Freude am Dasein zu empfinden. Letzteres ist besonders für Jugendliche wichtig, denn was für sie zählt, ist die augenblickliche Daseins- und Lebensfreude, die sie allerdings in ihren Lebensbereichen Familie, Schule, Peers nicht immer empfinden. Häufig erleben sie dort Kränkungen und Frustrationen, die zu Niedergeschlagenheit, Ängsten und Depressionen führen.

Die psychische Gesundheit ist – wie auch die physische Gesundheit – ein momentaner Balanceakt, der ständig neu austariert werden muss. Schon das nächste stressende Ereignis kann die Balance wieder aus dem Gleichgewicht bringen. Die Jugendphase ist eine Entwicklungsphase mit hohen Anforderungen, an denen nicht wenige Jugendliche scheitern. Fehlen Ressourcen und Schutzfaktoren in Familie, Schule und im Freizeitbereich, stellen sich Einsamkeitsgefühle, Hoffnungs- und Hilflosigkeit ein, die langfristig zu suizidalen Gedanken führen können. Die tragische Folge psychischer Erkrankungen, insbesondere der Depression, ist der Suizid, der bei Jugendlichen zur zweithäufigsten Todesursache zählt. Allein im Jahr 2012 starben in Deutschland insgesamt 580 Jugendliche und junge Erwachsene im Alter von 10–25 Jahren durch Suizid, davon 450 männliche und 130 weibliche (www.gbe-bund.de: Statistisches Bundesamt, Suizidtabellen; Stand: 3.9.2014).

Unter Suiziden von Kindern und Jugendlichen leiden nicht nur Eltern, Geschwisterkinder, Großeltern und alle Anverwandten, sondern auch Klassenkameraden, Mitschüler und Lehrkräfte. Jeder Suizid eines Schülers oder einer Schülerin löst Entsetzen, Schock, unendliche Trauer, aber auch Gefühle wie Scham, Schuld und Wut aus. Fragen und Selbstvorwürfe tauchen auf, warum niemand die Suizidgefährdung des betreffenden Schülers oder der Schülerin erkannt habe.

Im vorliegenden Buch werden Lehrkräfte, Sozialpädagogen, Schulpsychologen und alle an der Thematik Interessierten in stringenter Form über die Suizidproblematik junger Menschen – insbesondere den Schülersuizid – informiert. Es wird gezeigt, wie Suizidgefährdung von Schülerinnen und Schülern erkannt werden kann und wie damit in der Schule umgegangen werden sollte.

Ausführlich werden sowohl angloamerikanische als auch deutschsprachige Suizidprogramme und Unterrichtseinheiten dargestellt. Neu in diesem Buch ist, Hintergrund- und Handlungswissen mit den Erfahrungen zu verknüpfen, die überwiegend in angloamerikanischen Ländern gemacht worden sind. Es werden besonders Euphorie, Skepsis und Irrtümer bei der Entwicklung jener Programme herausgearbeitet. Bemerkenswert ist, dass qualifizierte, systematische Studien zur Wirksamkeit bei der Mehrzahl der angloamerikanischen Programme fehlen, so dass von einer Evidenzbasierung zur Suizidprävention und -intervention nicht die Rede sein kann. Daher sind die bisherigen internationalen, aber auch nationalen Maßnahmen kritisch zu bewerten.

Trotz des Fehlens evidenzbasierter Qualifikationsmaßnahmen und methodischer Schwächen vieler Studien zur Suizidprävention und -intervention an Schulen bleibt es dennoch sinnvoll und wichtig, Schulleitungen, Lehrkräfte, Schülerinnen und Schüler sowie Eltern darin zu unterstützen, professionell und einfühlsam auf den Notfall Schülersuizid zu reagieren. Im vorliegenden Buch werden konkrete Handlungsmöglichkeiten nach einem Suizid sowie Vorgehensweisen bei Suizidverdacht dargestellt.

In der Früherkennung von Suizid und Suizidalität im Unterricht geht es darum, sich nicht zu einseitig auf Themen wie Suizid und Suizidalität festzulegen, sondern ressourcenorientiert im Sinne einer ganzheitlichen Gesundheitsförderung vorzugehen. Dies wird u. a. exemplarisch an einem Programm zur Gesundheitsförderung dargestellt.

Gütersloh, im Juni 2014 Heidrun Bründel

I

Suizid von Kindern und Jugendlichen

In der älteren deutschen Literatur – vom Anfang des vorigen Jahrhunderts bis in die 1990er Jahre – wurde überwiegend der Begriff ›Selbstmord‹ für alle Handlungen benutzt, die das Ziel hatten, das eigene Leben zu beenden (Gaupp 1905; Budde 1908; Gurlitt 1908; Farberow & Shneidman 1961; Stengel 1969; Feuerlein 1973; Ringel 1953; 1986; 1989). In der jüngeren Literatur dagegen hat sich der Begriff ›Suizid‹ durchgesetzt. Während ›Selbstmord‹ stark wertend ist, leitet sich ›Suizid‹ aus dem Lateinischen ab und enthält sich jeglicher Wertung. Farberow und Shneidman (1961) halten den Begriff ›Selbstmord‹ aus zweierlei Gründen für einen ›psychosemantischen Irrtum‹: Erstens will derjenige, der seinem Leben ein Ende setzt, häufig nicht wirklich sterben, sondern im Grunde ein anderes Leben führen. Das wird durch die beiden Sätzen, ›sich das Leben *nehmen*‹ und ›sich das *Leben* nehmen‹, deutlich, wenn sie mit unterschiedlicher Betonung gelesen werden. Malchau (1987) bezeichnet die suizidale Handlung als ›Überlebensoption‹, als einen verzweifelten Versuch, dem eigenen Leben eine Kehrtwendung zu geben. Zweitens bringt sich niemand aus niederen Beweggründen um, wie es die Bezeichnung ›Mord‹ nahelegt, sondern in vielen Fällen aus reiflicher Überlegung und nach anhaltender Verzweiflung, weil kein anderer Ausweg mehr gesehen wird.

Weitere Begriffe sind die der Selbstverletzung, Selbstschädigung und Selbstaggression. Sie können nur bedingt mit suizidalen Handlungen in Verbindung gebracht werden, weil ihnen sehr oft andere Intentionen zugrunde liegen, wie Spannungsabfuhr und Identitätssicherung (Kaess 2012), und ihnen die Selbsttötungsabsicht fehlt. Aber es gibt fließende Übergänge zwischen selbstverletzenden und suizidalen Tendenzen.

1

Suizidalität

Unter Suizidalität werden »sämtliche Gedanken und Handlungen« verstanden, »die mit der Absicht verbunden sind, das eigene Leben zu beenden« (Chehil & Kutcher 2013, S. 33). Suizidalität umfasst Suizidgedanken, Suizidabsichten, Suizidpläne, Suizidversuche und Suizide.

Suizidgedanken können punktuell und fluktuierend sein, sie stellen erst dann ein höheres Risiko dar, wenn sie hartnäckig und intensiv, unkontrollierbar und anhaltend auftreten. Suizidgedanken können plötzlich einsetzen oder latent über einen längeren Zeitraum vorhanden sein. Es gibt fließende Übergänge zwischen beherrschbaren und unkontrollierbaren Gedanken. Aktive Suizidgedanken sind gefährlicher als passive, sie drängen sich auf und führen zu einem großen Handlungsdruck, den Wunsch zu sterben in die Tat umzusetzen.

1 Suizidalität

Suizidabsichten sind Vorüberlegungen des geplanten Handelns und – soweit sie geäußert werden – Vorankündigungen. Sie drücken den Wunsch zu sterben aus und manchmal auch schon die Art und Weise, wie der Betreffende seine Absicht in die Tat umzusetzen gedenkt.

Suizidpläne beinhalten die Methode der suizidalen Handlung, den Zeitpunkt und den Ort der Ausführung. Je gründlicher und konkreter diese sind, desto größer ist die Gefährdung des Betreffenden.

»Suizidal ist, wer von Selbstmord spricht« (Rupp 2010). Diese Aussage weist auf die zunehmende Konkretion hin, die sich in der Entwicklung von Suizidgedanken über Suizidabsichten und Suizidplänen bis zur suizidalen Handlung zeigt. Suizidalität ist ein Prozess, der sich über mehrere Stadien erstreckt und für Jugendliche wie auch für Erwachsene zutrifft (► **Abb. 1**).

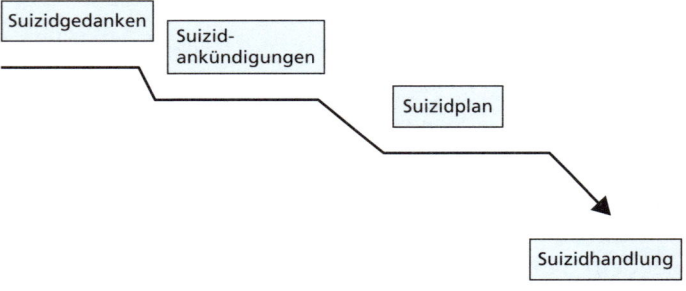

Abb. 1: Stadien der suizidalen Entwicklung (nach Pöldinger 1968)

Suizidversuche sind nichttödlich verlaufende suizidale Handlungen, die jedoch »mit einem gewissen Maß an Absicht zu sterben« ausgeführt wurden (Teismann & Dorrmann 2014, S. 3). Sie sind sehr viel häufiger als vollendete Suizide und werden vor allem von weiblichen Jugendlichen unternommen. Da Suizidversuche in der Statistik nicht erfasst werden, ist mit einer hohen Dunkelziffer zu rechnen. Schließt man Erwachsene mit ein, kann man sagen, dass ein Fünftel aller Menschen nach einem ersten Suizidversuch einen zweiten begeht, wobei die dann gewählte Methode gefährlicher und die Möglichkeit, gefunden zu werden, geringer ist sowie erste Folgeschäden wahrscheinlicher sind (Chehil & Kutcher 2013).

Wolfersdorf (2011, S. 30) unterscheidet zwischen zwei Subformen der Suizidalität. In der einen Subform stehen appellative und manchmal auch intentional-manipulative Kommunikationselemente im Vordergrund. Diese drücken häufig die Enttäuschung und Kränkung des Betroffenen darüber aus, dass er verlassen, enttäuscht oder auch gekränkt worden und es ihm daher unmöglich ist, mit diesem Schmerz weiterzuleben. Bei Jugendlichen ist das oftmals der Freund oder die Freundin. Vorrangig dabei ist nicht so sehr der Wunsch zu sterben, sondern der Apell an die »signifikant Anderen«, Hilfe und Unterstützung zu erhalten. Von einigen Autoren wird auf das geringere aggressive Potential verwiesen, das sich in der Wahl einer ›weichen‹ Methode und eines Ortes in der Nähe des Elternhauses sowie in der Art von Ankündigungen zeigt, wie versteckte und offene Botschaften, Tagebucheintragungen, Briefe an die Eltern etc. (Farberow & Shneidman 1961; Stengel 1969; Feuerlein 1973; Rausch 1985).

Die andere Subform steht für diejenigen Suizidversuche, die zwar mit einem hohen Todeswunsch einhergehen, jedoch durch ein Zusammenspiel verschiedener Faktoren nicht letal enden. Gerade bei Kindern unter zehn Jahren und bei jüngeren Jugendlichen kann – in Verkennung der Wirksamkeit der Mittel – aus einem eventuell angedachten Suizidversuch ein Suizid werden.

Die Frage, ob es qualitative oder nur quantitative Unterschiede zwischen Suizidversuchen und Suiziden gibt, ob die Motivation, zu sterben bzw. zu überleben, dieselbe ist, wird bis heute unterschiedlich beantwortet. Aber Einigkeit besteht darin, dass es eine Bewertung in ernsthaft und weniger ernsthaft, in erpresserisch und demonstrativ nicht geben darf, eben weil der Ausgang einer Suizidhandlung unabhängig von der Motivation auch vom reinen Zufall abhängen kann. Vorangegangene Suizidversuche erhöhen die Gefahr eines nachfolgenden Suizids (Brunstein Klomek, Krispin & Apter 2009; Miller & Eckert 2009).

Kind (2005, S. 13) unterscheidet zwischen basaler und aktueller Suizidalität. Erstere ist dann gegeben, wenn Risikofaktoren wie Isolation, Lebenskrisen, psychiatrische Grunderkrankungen und vorangegangene Suizidversuche vorhanden sind. Die basale Suizidalität kann jedoch in eine aktuelle übergehen, wenn auslösende Faktoren hinzukommen. Bei Jugendlichen sind das häufig Trennungserlebnisse und Liebesabbrüche, Kränkungen und Bloßstellungen, Ausgrenzungen und Ablehnungen sowie Misserfolge im schulischen Bereich. Die aktuelle Suizidalität manifestiert sich fast immer innerhalb einer Beziehung und richtet sich auf oder gegen eine Zielperson (Freundin/Freund, Eltern, Lehrkraft).

2

Epidemiologie

Suizide von Kindern und Jugendlichen sind im Vergleich zu Suiziden Erwachsener seltene Ereignisse. Kinder und Jugendliche gehören im Allgemeinen einer Altersgruppe an, die physisch gesund ist. Dennoch sind Suizide unter jungen Menschen ein großes, globales Problem (Apter, Bursztein, Bertolote et al. 2009). Suizide von Jugendlichen kommen in allen Ländern der Welt vor.

2.1 Suizidhäufigkeit

Die Datenbasis der Weltgesundheitsorganisation (WHO), aus der die Höhe der jeweiligen Suizidraten hervorgeht, ist nicht vollständig, da noch nicht alle Jahre erfasst sind. Leider werden die Altersgruppierungen in den Länderstatistiken unterschiedlich gehandhabt, so dass die Vergleichbarkeit erschwert wird. Dennoch kann für diejenigen Länder und Staaten, die Mitglied der WHO sind und Statistiken führen, gesagt werden, dass die Suizidrate für 15- bis 19-jährige Jugendliche in Ländern wie Sri Lanka, Russland, Litauen, Finnland und Neuseeland im internationalen Vergleich überdurchschnittlich hoch ist (Wasserman, Cheng & Jiang 2006). Gemeinsam ist allerdings der Mehrzahl der Länder der Welt, dass männliche Jugendliche weit häufiger Suizid begehen als weibliche (a. a. O.). Das gilt jedoch nicht für China, Cuba, Ecuador, El Salvador und Sri Lanka. In diesen Ländern übersteigt die Anzahl der Suizide weiblicher Jugendlicher die der männlichen (a. a. O.).

Im Kindesalter ist die Suizidhäufigkeit gering. Das hängt mit dem Todesverständnis von Kindern zusammen, das noch nicht von den Kennzeichen des Todesbegriffs geprägt ist wie Universalität, Irreversibilität und Erlöschen aller Lebensfunktionen (Bründel 2004). Weiterhin können folgende Faktoren auf die geringe Anzahl kindlicher Suizide zurückzuführen sein (Deutsche Gesellschaft für Kinder- und Jugendpsychiatrie und Psychotherapie 2007):

- engere Beziehung und größeres Vertrauen zu den Eltern
- größere emotionale Ausdrucksbereitschaft
- Unkenntnis darüber, dass sich der Tod willentlich herbeiführen lässt
- geringere Fähigkeit, langfristig zu planen
- Unvermögen, geplante Handlungen zielstrebig auszuführen
- Unsicherheit, zwischen gefährlichen und ungefährlichen Methoden zu unterscheiden
- geringere Kompetenz zur Ich-Reflexion
- geringere Neigung zur Selbstentwertung

Auch wenn Suizide von Kindern unter zehn Jahren sehr selten sind, so können Kinder doch Todeswünsche haben, vor allem dann, wenn sie schon viel Leid erfahren haben wie Trennung von der Mutter, Verlust, Krieg, Zerstörung, Krankheit.

Die Suizidhäufigkeit steigt mit dem Alter der Kinder und Jugendlichen in hohem Maße an. Besonders hoch ist sie in der Altersgruppe der 15- bis 25-Jährigen. Dieser Zeitabschnitt ist durch die Jugendphase und das Alter der jungen Erwachsenen gekennzeichnet. In ihm kommen starke Gefühle vor: Glücksgefühle, die mit den ersten sexuellen Erfahrungen und Liebeserlebnissen, aber auch mit Enttäuschungen verbunden sein können. Freundschaftsabbrüche, Trennungen, Auseinandersetzungen mit den Eltern, schulische und berufliche Misserfolge führen oftmals zu einem Gefühlschaos aus Trauer, Frustration und Wut. Junge Menschen auf der Suche nach der eigenen Identität sind leicht zu verunsichern und zu kränken. Sie neigen dazu, ›die Flinte ins Korn zu werfen‹ und vorschnelle Entscheidungen zu treffen.

Um Suizidziffern vergleichen zu können, werden zusätzlich zu den absoluten Zahlen in der Statistik des Bundesamtes auch die relativen Zahlen (pro 100.000 der entsprechenden Altersgruppe) angegeben. Das ist vor allem dann sehr wichtig, wenn man die Suizidraten der einzelnen Länder vergleichen und feststellen möchte, ob Suizide in den einzelnen Ländern im Verlauf der Jahrzehnte zu- oder abgenommen haben.

Im Folgenden werden die Suizidhäufigkeiten von Kindern, Jugendlichen und jungen Erwachsenen gemäß den Angaben des Statistischen Bundesamts in vier Altersgruppen (5 bis < 10; 10 bis < 15; 15 bis < 20 und 20 bis < 25 Jahren) und in jeweils 10 Jahresabschnitten angegeben (▶ Tab. 1, 2 und ▶ Tab. 3).

Tab. 1: Anzahl der Suizide in Deutschland in den Jahren *1980–1989* in absoluten und relativen Zahlen (pro 100.000 der jeweiligen Altersgruppe)

Jahr	m/w	5 bis < 10 J.		10 bis < 15 J.		15 bis < 20 J.		20 bis < 25 J.	
		Abs.	Rel.	Abs.	Rel.	Abs.	Rel.	Abs.	Rel.
1980	m	6	0,3	103	3,3	458	13,4	856	27,7
	w	–	–	22	0,7	157	4,9	239	8,3
1981	m	6	0,3	111	3,7	549	15,9	927	29,1
	w	1	0,0	23	0,8	186	5,7	250	8,4

2 Epidemiologie

Tab. 1: Anzahl der Suizide in Deutschland in den Jahren *1980–1989* in absoluten und relativen Zahlen (pro 100.000 der jeweiligen Altersgruppe) – Fortsetzung

Jahr	m/w	5 bis < 10 J.		10 bis < 15 J.		15 bis < 20 J.		20 bis < 25 J.	
		Abs.	Rel.	Abs.	Rel.	Abs.	Rel.	Abs.	Rel.
1982	m	4	0,2	95	3,4	508	14,7	929	28,5
	w	1	0,1	26	1,0	173	5,3	259	8,4
1983	m	3	0,2	89	3,4	475	14,0	851	25,6
	w	1	0,1	27	1,1	154	4,8	268	8,5
1984	m	1	0,1	62	2,6	440	13,4	887	26,1
	w	3	0,2	16	0,7	128	4,1	223	6,9
1985	m	4	0,2	59	2,7	416	13,2	907	26,3
	w	2	0,1	24	1,1	131	4.4	236	7.2
1986	m	–	–	40	1,9	351	11,7	786	22.6
	w	1	0,1	14	0,7	107	3,8	233	7.1
1987	m	1	0,0	38	1,9	357	12,6	739	21,5
	w	–	–	9	0,5	96	3,6	194	5,9
1988	m	5	0,2	33	1,7	272	10,3	710	20,8
	w	2	0,1	7	0,4	78	3,1	198	6,1
1989	m	3	0,1	25	1,2	249	10,2	615	18,3
	w	–	–	3	0,2	79	3,4	162	5,1

Quelle: www.gbe-bund.de: Statistisches Bundesamt, Suizidtabellen (von der Autorin erstellt)

Tabelle 1 wie auch die folgenden Tabellen 2 und 3 zeigen, dass die Suizidrate der Unter-10-Jährigen sehr niedrig ist. Das hängt mit entwicklungspsychologischen Gegebenheiten und mit ihrem kindlichen kognitiv-emotionalen Todesverständnis zusammen. Aus Tabelle 1 wird deutlich, dass die Anzahl der Suizide über alle Altersbereiche – mit Ausnahme der Unter-10-Jährigen – vom Anfang bis Mitte der 1980er Jahre sehr hoch ist und bis 1989 allmählich abnimmt. Dieser Abwärtstrend setzt sich in den folgenden Jahren von 1990–1999 und 2000–2012 mit geringfügigen Schwankungen fort (▶ **Tab. 2** und ▶ **Tab. 3**):

2.1 Suizidhäufigkeit

Tab. 2: Anzahl der Suizide in den Jahren *1990–1999* in absoluten und relativen Zahlen (pro 100.000 der jeweiligen Altersgruppe)

Jahr	m/w	5 bis < 10 J.		10 bis < 15 J.		15 bis < 20 J.		20 bis < 25 J.	
		Abs.	Rel.	Abs.	Rel.	Abs.	Rel.	Abs.	Rel.
1990	m	2	0,1	20	1,0	209	9,1	591	18,1
	w	5	0,2	4	0,2	48	2,2	180	5,8
1991	m	3	0,1	24	1,1	200	9,1	575	18,1
	w	2	0,1	4	0,2	65	3,1	120	4,0
1992	m	4	0,2	22	1,0	185	8,6	489	16,0
	w	3	0,1	9	0,4	49	2,4	114	4,0
1993	m	1	0,0	46	2,0	181	8,4	451	15,6
	w	1	0,0	12	0,6	56	2,8	101	3,7
1994	m	1	0,0	29	1,3	212	9,7	470	17,5
	w	–	–	17	0,8	59	2,9	111	4,4
1995	m	–	–	38	1,6	220	9,9	410	16,3
	w	–	–	14	0,6	66	3,1	110	4,6
1996	m	1	0,0	35	1,5	224	9,8	365	15,3
	w			11	0,5	52	2,4	105	4,6
1997	m	1	0,0	27	1,2	237	10,2	363	15,7
	w	1	0,0	7	0,0	61	2,8	81	3,7
1998	m	–	–	34	1,4	223	9,5	365	16,0
	w	–	–	16	0,7	71	3,2	84	3,8
1999	m	–	–	26	1,1	230	9,7	364	15,8
	w	–	–	9	0,4	56	2,5	77	3,5

Quelle: www.gbe-bund.de: Statistisches Bundesamt, Suizidtabellen (von der Autorin erstellt)

2 Epidemiologie

Tab. 3: Anzahl der Suizide in den Jahren *2000–2012* in absoluten und relativen Zahlen (pro 100.000 der jeweiligen Altersgruppe)

Jahr	m/w	< 10 J.		10 bis < 15 J.		15 bis < 20 J.		20 bis < 25 J.	
		Abs.	Rel.	Abs.	Rel.	Abs.	Rel.	Abs.	Rel.
2000	m	–	–	25	1,0	206	8,7	369	15,8
	w	–	–	8	0,3	66	2,9	71	3,2
2001	m	2	0,1	35	1,4	207	8,7	386	16,1
	w	–	–	11	0,5	54	2,4	70	3,0
2002	m	–	–	16	0,7	254	10,6	355	14,6
	w	–	–	8	0,4	60	2,6	81	3,4
2003	m	–	–	17	0,7	179	7,4	358	14,5
	w	–	–	6	0,3	65	2,8	90	3,8
2004	m	–	–	16	0,7	172	7,0	346	14,0
	w	–	–	7	0,3	47	2,0	82	3,4
2005	m	–	–	18	0,8	167	6,8	312	12,6
	w	1	0,1	7	0,3	47	2,0	70	2,9
2006	m	1	0,0	19	0,9	157	6,4	297	12,1
	w	1	0,1	8	0,4	45	1,9	67	2,8
2007	m	1	0,1	14	0,7	149	6,2	299	12,1
	w	–	–	9	0,5	47	2,1	63	2,6
2008	m	2	0,1	9	0,4	160	6,8	296	11,9
	w	–	–	6	0,3	50	2,2	80	3,3
2009	m	1	0,1	11	0,5	147	6,5	297	11,8
	w	–	–	9	0,3	47	2,1	75	3,1
2010	m	1	0,1	21	1,0	143	6,6	331	13,1
	w	–	–	6	0,3	46	2,2	86	3,5
2011	m	–	–	12	0,6	130	6,2	330	13,0
	w	–	–	9	0,5	42	2,1	79	3,2
2012	m	–	–	11	0,6	139	6,6	300	11,9
	w	–	–	9	0,5	45	2,3	76	3,2

Quelle: www.gbe-bund.de: Statistisches Bundesamt, Suizidtabellen (von der Autorin erstellt)

Worauf die allmähliche Abnahme der Suizidhäufigkeiten in allen Altersbereichen von 1980–2012 zurückzuführen ist, lässt sich nicht eindeutig feststellen. Viele Faktoren, wie z. B. Änderung der Erziehungsstile und des familiären Klimas, erhöhte Sensibilität für Suizidgefährdung, verbesserte Präventionsmaßnahmen etc., könnten dafür verantwortlich sein.

2.2 Geschlechtsspezifische Unterschiede

Aus den drei Tabellen wird ebenfalls deutlich, dass es in allen Altersbereichen große Unterschiede in der Anzahl der Suizide von Mädchen und Jungen gibt. Schon in der Altersgruppe der 10- bis 15-Jährigen ist die Anzahl der Suizide von Jungen weit höher als die der Mädchen, bei den 15- bis 20-Jährigen bringen sich dreimal so viele männliche Jugendliche im Vergleich zu weiblichen um, und bei der nächsthöheren Altersgruppe, die der 20- bis 25-Jährigen, sind es fast viermal so viele. Die Gründe dafür liegen u. a. auch in geschlechtsspezifischen Sozialisationseinflüssen, wie unterschiedliches Erziehungsverhalten der Eltern und damit zusammenhängenden zugeschriebenen Rollenverhaltensweisen. Männliche Jugendliche und junge Erwachsene bevorzugen externalisierende Formen der Konfliktbearbeitung, sind eher bereit, körperliche Gewalt gegen sich und andere anzuwenden, und gehen Handlungsimpulsen mit größerer Intensität und Kompromisslosigkeit nach. Ihr Lebensstil ist wesentlich riskanter als der von weiblichen Jugendlichen und Erwachsenen.

2.3 Methodenwahl

Für den großen Unterschied in der Anzahl der Suizide männlicher und weiblicher Jugendlicher ist auch die Wahl der Suizidmethode verantwortlich. Es handelt sich um die sog. ›harten‹ Methoden, die ein Überleben mit großer Wahrscheinlichkeit unmöglich sein lassen.

In den Jahren 1980, 1990 und 1997 haben sich männliche und weibliche Jugendliche weitaus häufiger für die sog. weichen Methoden, wie z. B. die Selbstvergiftung und die Selbsttötung durch Ertrinken, als in den späten 2000er Jahren entschieden. Eine Erklärung dafür lässt sich nur schwer finden. In den Jahren ab 2008 dagegen haben beide Geschlechter auch die ›harten‹ Suizidmethoden wie Erhängen, Strangulieren oder Ersticken, den Sturz in die Tiefe oder das Sich-vor-bewegende-Objekte-Werfen angewendet; die männlichen Jugendlichen allerdings in einem weitaus höheren Ausmaß als die weiblichen.

3
Risikofaktoren

3.1 Depression

Depressive Störungen gehen mit einem erhöhten Suizidrisiko einher. Über 50 Prozent der Jugendlichen, die einen Suizid begangen haben, hatten zum Zeitpunkt ihres Suizid an einer Depression gelitten (Spröber, Straub, Fegert & Kölch 2012, S. 24). Im depressiven Erleben ist Suizidalität ein »nahezu obligater Bestandteil« (Wolfersdorf 2011, S. 137). Sie zeigt sich in Gedanken der Sinnlosigkeit des Lebens und der Grübelzwänge, in Gefühlen der Einsamkeit, Isolation und Verzweiflung sowie der Lust- und Teilnahmslosigkeit. Die Zusammenhänge zwischen Depression und Suizidalität sind wechselseitig.

Die klassische Form der Depression ist die depressive Episode bzw. die rezidivierende depressive Störung (Groen, Pössel & Petermann 2004, S. 443). Fast jeder fünfte Jugendliche durchlebt eine depressive Episode bis zu seinem 18. Lebensjahr (Spröber, Straub, Fegert & Kölch 2012, S. 22).

Im Klassifikationssystem ICD-10, Kapitel V (F) der Weltgesundheitsorganisation (WHO) wird die depressive Episode (f32.x) folgendermaßen beschrieben (Remschmidt, Schmidt & Poustka 2012, S. 167):

»Mindestens zwei der folgenden drei Symptome liegen vor:

1. Eine depressive Stimmung, in einem für die Betroffenen deutlich ungewöhnlichen Ausmaß, die meiste Zeit des Tages, fast jeden Tag, im Wesentlichen unbeeinflusst von den Umständen und mindestens zwei Wochen anhaltend;
2. Interessen oder Freudeverlust an Aktivitäten, die normalerweise angenehm waren;
3. verminderter Antrieb oder gesteigerte Ermüdbarkeit

Ein oder mehr zusätzliche der folgenden Symptome bis zu einer Gesamtzahl von vier Symptomen:

1. Verlust des Selbstvertrauens oder Selbstwertgefühls;
2. unbegründete Selbstvorwürfe oder ausgeprägte, unangemessene Schuldgefühle;
3. wiederkehrende Gedanken an den Tod oder an Suizid, suizidales Verhalten;
4. Klagen über den Nachweis eines verminderten Denk- oder Konzentrationsvermögens, Unschlüssigkeit oder Unentschlossenheit;
5. psychomotorische Agitiertheit oder Hemmung (subjektiv oder objektiv);
6. Schlafstörungen jeder Art;
7. Appetitverlust oder gesteigerter Appetit mit entsprechender Gewichtsveränderung.«

Erst wenn die Symptome länger als zwei Wochen andauern und sowohl Kinder als auch Jugendliche ihre alltäglichen Aufgaben nicht mehr bewältigen können, sollte die Diagnose ›Depression‹ gestellt werden. Depressive Episoden werden nach ihrem Schweregrad bzw. der Anzahl der Symptome und dem Ausmaß psychosozialer Beeinträchtigung in leichte, mittelgradige und schwere Episoden, letztere ohne und mit psychotischen Symptomen, eingeteilt (Groen, Pössel & Petermann 2004, S. 443). Für Kinder und Jugendliche gelten dieselben Kriterien wie auch für Erwachsene, allerdings kommt bei Kindern und Jugendlichen die reizbare Stimmung dazu, welche die depressive Verstimmung zeitweise verdecken kann (a. a. O., S. 441). Die Depression im Kindesalter unterscheidet sich vom Alltagsverständnis der Depression, denn die gedrückte Stimmung und der verminderte Antrieb kann bei Kindern geradezu ins Gegenteil verkehrt sein: Viele Kinder sind gereizt bis aggressiv-dysphorisch, und es ist nicht sofort ersichtlich, wie sehr auch sie unter mangelndem Selbstwertgefühl und Erleben von Sinnlosigkeit ihres Lebens leiden (Huss 2012). Bei ihnen überwiegen häufig die körperlichen Symptome wie Bauch- und Kopfschmerzen, Müdigkeit und Apathie. Diese fordern eher die ärztliche organische Abklärung statt die der psychischen heraus, wodurch allerdings die Depression oft unentdeckt bleibt.

Die Depression drückt sich bei Kindern und Jugendlichen in emotionalen, kognitiven, motivationalen und körperlichen Symptomen aus. Sie beginnt schleichend mit Veränderungen der Vitalität und der körperlichen Leistungsfähigkeit (▶ Tab. 4).

Tab. 4: Depressive Symptome bei Kindern und Jugendlichen

Emotion	<ul><li>Gefühl tiefer Traurigkeit</li><li>Niedergeschlagenheit</li><li>Hoffnungslosigkeit</li><li>Mutlosigkeit</li><li>Aggressivität</li></ul>
Kognition	<ul><li>Gedanken eigener Wertlosigkeit</li><li>Selbstzweifel</li><li>Selbstentwertung</li><li>Selbstvorwürfe</li><li>Selbstbestrafung</li></ul>
Motivation	<ul><li>Veränderung des Aktivitäts- und Antriebsniveaus</li><li>Interesselosigkeit</li></ul>

3 Risikofaktoren

Tab. 4: Depressive Symptome bei Kindern und Jugendlichen – Fortsetzung

Körperlichkeit	• Müdigkeit • Appetitlosigkeit • Schlaflosigkeit • Erschöpfung

Bei den emotionalen und kognitiven Symptomen überwiegen Angst-, Insuffizienz- und Minderwertigkeitsgefühle. Motivationale und psychosomatische Symptome zeigen sich in Antriebsstörungen, Agitiertheit oder auch psychomotorischen Hemmungen. Depressive Symptome sind bei Kindern und Jugendlichen entwicklungs- und altersabhängig (▶ Tab. 5).

Tab. 5: Depressive Symptome im Entwicklungsverlauf

Im Kleinkindalter (1–3 Jahre)	• wirkt traurig • ausdrucksarmes Gesicht • erhöhte Irritabilität • gestörtes Essverhalten • Schlafstörungen • selbststimulierendes Verhalten • genitale Manipulationen • auffälliges Spielverhalten: reduzierte Kreativität und Ausdauer • Spielunlust • mangelnde Fantasie
Im Vorschulalter (3–6 Jahre)	• trauriger Gesichtsausdruck • verminderte Gestik und Mimik • leicht irritierbar und äußerst stimmungslabil • mangelnde Fähigkeit, sich zu freuen • introvertiertes Verhalten, aber auch aggressives Verhalten • vermindertes Interesse an motorischen Aktivitäten • Essstörungen bis zu Gewichtsverlust/-zunahme • Schlafstörungen: Alpträume, Ein- und Durchschlafstörungen
Bei Schulkindern	• verbale Berichte über Traurigkeit • suizidale Gedanken • Befürchtungen, dass Eltern nicht genügend Beachtung schenken • Schulleistungsstörungen

Tab. 5: Depressive Symptome im Entwicklungsverlauf – Fortsetzung

Im Pubertäts- und Jugendalter	<ul><li>vermindertes Selbstvertrauen</li><li>Apathie, Angst, Konzentrationsmangel</li><li>Leistungsstörungen</li><li>zirkadiane Schwankungen des Befindens</li><li>psychosomatische Störungen</li><li>Kriterien der depressiven Episode</li><li>psychische und somatische Symptome zu früherem Zeitpunkt vorhanden</li></ul>

Quelle: Deutsche Gesellschaft für Kinder- und Jugendpsychiatrie, Psychosomatik und Psychotherapie (DGKJP) (2007)

Bei Kindern beträgt die Prävalenzrate depressiver Störungen ca. 2 bis 5 Prozent, »wobei Mädchen und Jungen vor dem 13. Lebensjahr in etwa gleich stark betroffen sind«. Bis zum 15. Lebensjahr steigt sie deutlich an und erreicht bis zum 18. Lebensjahr etwa 15 bis 20 Prozent. Ab der Pubertät leiden doppelt so viele weibliche wie männliche Jugendliche an Depressionen (Spröber, Straub, Fegert & Kölch 2012, S. 22). Prädiktoren für einen negativen Krankheitsverlauf sind:

- früher Beginn
- Häufigkeit der Episoden
- Schwere der Episoden
- Begleiterkrankungen

Häufig treten depressive Störungen in Verbindung mit anderen psychischen oder auch psychiatrischen Erkrankungen auf, wie z. B.:

- Angststörungen
- Substanzkonsum
- Störung des Sozialverhaltens
- Essstörung
- Posttraumatische Belastungsstörung (PTBS)
- Schizophrenien
- Persönlichkeitsstörungen

Kinder und Jugendliche, die diese Diagnosen erfüllen, nehmen des Öfteren Hilfeeinrichtungen in Anspruch, sprechen schlechter auf therapeutische Maßnahmen an und weisen eine höhere Suizidgefährdung auf (Groen, Pössel & Petermann 2004, S. 447). Gemeinsam ist ihnen eine emotionale oder auch affektive Instabilität, die häufig mit Ärger und Wut, mit aggressiven Gefühlen und Angst vor Kontrollverlust einhergeht. Bei weiblichen Jugendlichen bestimmen eher Angst- und Essstörungen und bei männlichen Jugendlichen eher Störungen des Sozialverhaltens und Substanzkonsum das Erscheinungsbild. Aggressives, impulsives Verhalten kennzeichnet vor allem suizidale männliche Jugendliche. Die einzelnen psychiatrischen Störungen treten nach Apter & Freudenstein (2002) oft in Kombinationen auf, wie z. B.

- Depression und Substanzkonsum,
- Substanzkonsum, Verhaltensstörungen und Depression,
- Affektive Störungen, Ess- und Angststörungen,
- Affektive Störungen und Persönlichkeitsstörungen,

und erhöhen das Risiko für Suizidalität (Apter, Krispin & Bursztein 2009).

Es gibt nicht nur einen deutlichen Zusammenhang zwischen Depression und suizidalen, sondern auch zwischen Depression und selbstverletzenden Verhaltensweisen (Kaess 2012, S. 45). Selbstverletzende Verhaltensweisen kommen als Schneiden, Stechen, Ritzen, Beißen, Mit-dem-Kopf-gegen-die-Wand-Schlagen, Verbrennen der Haut zum Ausdruck. Sie weisen unterschiedliche Schweregrade auf und kommen bei Mädchen ca. drei- bis vierfach öfter als bei Jungen vor. Das Risiko steigt bei beiden vom 12. Lj. bis zum 18. Lj. steil an (Hawton, Rodham & Evans 2008). Als Begründung für ihr selbstverletzendes Verhalten gaben Jugendliche an (a. a. O., S. 52):

- »Ich wollte sterben«
- »Ich wollte zeigen, wie verzweifelt ich mich fühle«
- »Ich wollte mich selbst bestrafen«

- »Ich wollte jemandem Angst machen«
- »Ich wollte mich an jemandem rächen«
- »Ich habe Erleichterung von einem schrecklichen seelischen Zustand gesucht«
- »Ich wollte herausfinden, ob jemand mich wirklich liebt«
- »Ich wollte Aufmerksamkeit«

Der Zusammenhang zwischen Depression und selbstverletzenden Verhaltensweisen wird auch durch die Heidelberger Schulstudie bestätigt, an der ca. 6000 Schülerinnen und Schüler der 9. Klasse teilnahmen (Resch, Parzer, Haffner et al. 2009). Es wurde festgestellt, dass wiederholte selbstverletzende Verhaltensweisen deutlich an das Vorhandensein psychischer oder auch psychiatrischer Probleme gekoppelt sind, ohne allerdings sagen zu können, ob diese der Grund oder die Folge für das Selbstverletzungsverhalten sind (a.a.O.). Jugendliche, die Suizidgedanken hatten, wiesen in der Studie ein dreifach erhöhtes Risiko für gelegentliche Selbstverletzungen auf, das Risiko für wiederholte Selbstverletzungen dagegen war siebenmal so hoch. Bei Jugendlichen, die häufig an Suizid dachten, fand sich ein achtzehnfach erhöhtes Risiko für wiederholtes Selbstverletzungsverhalten (a.a.O., S. 89).

Selbstverletzendes Verhalten wird dann als schweres psychisches Problem betrachtet, wenn es repetitiv, d.h. wiederholt und über einen längeren Zeitraum erfolgt (a.a.O.). Es ist in Verbindung mit Angst, Wut- und Schuldgefühlen sowie Selbstbestrafungstendenzen ein starker Hinweis auf das Vorhandensein von Depressionen und suizidaler Motivation (Brunner, Parzer, Haffner et al. 2007). Ein hohes Risiko sind ferner Alkohol- und Drogenmissbrauch, (Selbst-)Aggressivität und Impulsivität sowie gestörte familiäre Beziehungen (Vernachlässigung, Misshandlungen, sexueller Missbrauch).

Bei selbstverletzenden Verhaltensweisen sind die Übergänge zwischen nichtsuizidaler und suizidaler Motivation häufig fließend und hängen stark von der zugrundeliegenden Ausprägung der Depression ab. Gelegentliches selbstverletzendes Verhalten kommt bei Jugendlichen relativ häufig vor und ist für sich genommen noch kein Anzeichen von Suizidalität. Es dient vor allem der Spannungsabfuhr und Identitätssicherung (Kaess 2011). Es verfolgt das Ziel, Stressbelastungen besser zu ertragen und das Wohlgefühl, zumindest vorübergehend, zu erhöhen (Petermann & Winkel 2009).

Mit selbstschädigendem Verhalten kann bewusst oder unbewusst die Absicht verbunden sein (a.a.O.),

- einen belastenden emotionalen Zustand zu verändern,
- eine Verminderung der Anspannung zu erleben,
- Aufmerksamkeit zu erhalten,
- anderen Menschen zu zeigen, wie schlecht es einem geht,
- die Dynamik einer interpersonellen Beziehung zu verändern.

Entstehung der Depression

Bei der Entstehung der Depression spielen viele Faktoren eine Rolle: genetische, neurobiologische, psychosoziale und physische (▶ Abb. 2).

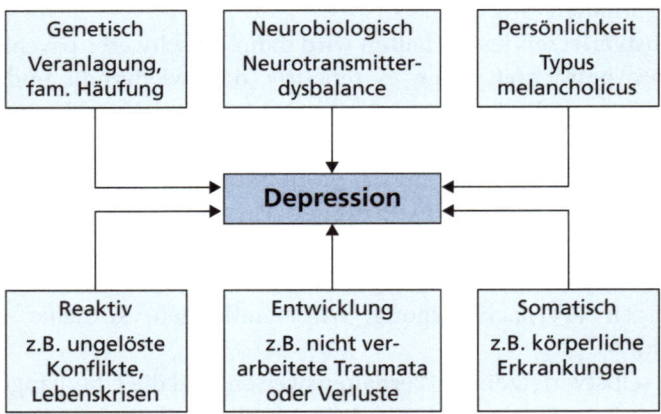

Abb. 2: Modellvorstellung zur Ätiopathogenese der Depression (modifiziert nach Möller, Laux & Deister 2009)

3.1 Depression

Diese Modellvorstellung trifft auf Jugendliche wie auch auf Erwachsene zu. Es handelt sich um ein Zusammenspiel von biopsychosozialen Faktoren, die von risikoerhöhenden oder -abmildernden Bedingungen beeinflusst werden können (Groen, Pössel & Petermann 2004, S. 457). Es fehlen jedoch sowohl für die Genese als auch für die Aufrechterhaltung der Depression gesicherte Ergebnisse aus systematischen und kontrollierten Längsschnittstudien (a. a. O., S. 458). Zu den einzelnen Wirkfaktoren:

- Depressionen können genetisch bedingt sein. Kinder von Elternteilen, die an einer depressiven Störung leiden, haben erwiesenermaßen ein erhöhtes Risiko für die Entwicklung einer Depression. Allerdings muss hierbei auch eine Abhängigkeit von Umweltfaktoren bei der Genexpression in Betracht gezogen werden (Abel & Hautzinger 2013).
- In den letzten Jahren wird den Veränderungen im Transmittersystem (Serotonin, Dopamin, Noradrenalin) sowie auch den neuroanatomischen Strukturen (Limbisches System, Präfrontaler Kortex) als Ursache für die Entstehung von Depressionen und damit auch von Suizidalität im Kindesalter erhöhte Aufmerksamkeit geschenkt. Möglicherweise werden diese auch durch familiäre Einflüsse (psychosoziale Belastungsfaktoren) auf die strukturelle Entwicklung des Gehirns ausgeübt (a. a. O.).
- Auch hormonelle Veränderungen (Cortisol, Östrogene) können besonders bei weiblichen Jugendlichen in der Pubertät – und den damit einhergehenden subjektiven, oft negativen Bewertungen und neuen Rollenanforderungen – mit depressiven Störungen einhergehen. Eine Überaktivität der hormonellen Stressachse (Hypothalamus, Hypophyse und Nebennieren) kann Depressionen bis zum Suizid auslösen.
- Die psychischen Faktoren bestehen in belastenden Lebensereignissen, Krisen, Traumata und einem Mangel an positiven Gefühlen. Depressionen können auch durch physische Erkrankungen, wie z. B. Schilddrüsenfunktionsstörungen, ausgelöst werden.

Es gibt nicht *die Ursache* von Depressionen, sondern es handelt sich um eine multifaktorielle Störung. Es gibt ein komplexes Wechselspiel zwischen genetischer Veranlagung, neurobiologischen Einflüssen, Entwicklungsfaktoren, Lebensereignissen und Erkrankungen.

3.2 Belastende Lebensbereiche

In den Lebensbereichen der Familie, Schule und Freizeit gibt es für Kinder und Jugendliche zahlreiche Belastungen, die Risikofaktoren für die Entstehung von Suizidalität darstellen.

Familie

Im Lebensbereich ›Familie‹ ergaben sich in den letzten Jahrzehnten große Veränderungen. Kinder und Jugendliche leben zum größten Teil zwar noch immer in einer Kernfamilie von Vater, Mutter und Kind, aber vielfach auch in Ein-Eltern-Familien, Patchwork-Familien mit nichtleiblichen Eltern oder auch in nichtehelichen Lebensgemeinschaften (Bundesministerium für Familie, Senioren, Frauen und Jugend, BMFSFJ 2012). Das sagt allerdings noch nichts über die den Familienformen innewohnenden Beziehungsstrukturen oder über das Beziehungsklima aus. In allen kann es liebevolle Eltern-Kind-Beziehungen geben. Wenn in ihnen jedoch ein schleichender Verlust von Vertrauen, Liebe und Anerkennung herrscht oder sogar Misshandlungen, sexueller Missbrauch und andere schwerwiegende Ereignisse vorkommen, dann kann sich langfristig eine Suizidalität entwickeln (Pfeffer 2002).

Trennung und Scheidung

Trennung und Scheidung der Eltern sind für Kinder und Jugendliche immer eine starke emotionale Belastung, unter der viele ein

Leben lang leiden. Trennung und Scheidung sind zwar Risikofaktoren, aber es kommt auch entscheidend darauf an, wie sie erfolgen und wie Kinder und Jugendliche darüber vorher informiert werden. Je weniger sie in einen Beziehungskampf der Eltern mit einbezogen werden und je weniger sie in Solidaritätskonflikte geraten, desto besser verkraften sie das Erlebnis.

Neuere Untersuchungen zeigen jedoch, dass Erwachsene, die in jungen Jahren die Scheidung ihrer Eltern erlebt haben, mehr als dreimal so häufig zu Suizidgedanken neigen als Menschen aus intakten Familien. Das gilt für Männer noch stärker als für Frauen. Ganz besonders eng ist der Zusammenhang zwischen Scheidung der Eltern und Suizidgedanken, wenn die Eltern suchtkrank, gewalttätig oder arbeitslos sind. Auch wenn Suizidgedanken nicht immer zu einem Suizid führen, so weist das Ergebnis der kanadischen repräsentativen Studie doch auf die seelische Not vieler Scheidungskinder hin (Fuller-Thompson & Dalton 2011). Für Männer erhöhen Scheidungserlebnisse in der Kindheit nicht nur das Risiko, an Suizid zu denken, sondern auch, Suizidversuche zu begehen. Dies ist dann umso mehr der Fall, wenn zusätzlich zur Scheidung ein Elternteil an Depressionen erkrankt ist (Lizardi, Thompson, Keyes & Hasin 2009).

Depressionen bei Elternteilen

Elternteile, die unter Depressionen leiden, vermitteln ihrem Kind weder Lebensfreude noch Vertrauen zu sich selbst und in die Zukunft. Das birgt die Gefahr, dass es handlungsinaktiv und unfähig ist, (Schul-)Leistungen zu erbringen und Beziehungen zu andern aufzunehmen. Die Kommunikation zu seinen Eltern ist eingeschränkt. Kinder von depressiven Elternteilen entwickeln oft Schuldgefühle. Sie glauben, dass sie an der Erkrankung der Eltern schuld seien. Es besteht eine Verbindung zwischen elterlichen Suizidgedanken, elterlichen Suizidversuchen und suizidalen Tendenzen ihrer Kinder (Goodwin, Beautrais & Fergusson 2004). Noch im Erwachsenenalter erinnern sich Männer und Frauen an die pessimistische Grundstimmung und resignative Grundhaltung eines ihrer Elternteile. Sie haben in ihrer Kindheit durch das Verhalten von Vater oder Mutter erlebt, dass Suizid bzw. Suizidversuche eine Möglichkeit sind, Konflikten aus dem Wege zu gehen. Das führt zu dem Gedanken, dass dasselbe Verhalten auch für sie eine Option darstellen könnte. Durch Identifikation mit dem geliebten Elternteil übernehmen sie noch im Erwachsenenalter dessen Verhaltensweisen. Es gibt also eine Übertragung suizidaler Verhaltensweisen, die von einer Generation zur anderen weitergegeben wird.

Die ›Suizidfamilie‹ gibt es nicht, aber es gibt eine komplexe Vielfalt von familiären Bedingungen, die Suizidtendenzen bei Kindern und Jugendlichen entstehen und sie im Erwachsenenalter wirksam werden lassen und dort zu Suizidgedanken und zum Suizid führen können (King 2009).

Schule

Suizide von Schülerinnen und Schülern hat es bedauerlicherweise immer schon gegeben. Seit Anfang des vorigen Jahrtausends wurde die Frage nach der Ursache der ›Schülerselbstmorde‹ – so wurden sie damals genannt – gestellt (Stark 1901; Budde 1908; Gurlitt 1908). Antworten darauf wurden mit großer Emotionalität und Entschiedenheit gegeben. Es entstanden zwei entgegengesetzte Lager: Gurlitt und Budde. Beide sprachen in ihren Abhandlungen von ›Schülerselbstmorden‹, aber wiesen ihnen konträre Ursachen zu. Gurlitt (1908, S. 10 ff.) sah diese vor allem im damaligen Schulsystem, in dessen Nüchternheit und Sachlichkeit, in »Pensenzwang« und »Examensnöten«, im »Kommisston« und »Kasernengeist«. Budde (1908, S. 13 ff.) dagegen verteidigte die Schule und wies stattdessen auf die ›erbliche Belastung‹ und ›häusliche Erziehung‹ der Jugendlichen sowie auf deren ›ausschweifende Lebensweise‹ hin.

Im Jahr 1910 diskutierten so bekannte Psychoanalytiker wie Alfred Adler, Sigmund Freud, Günther Molitor, Josef Karl Friedjung, Isidor Sadger und Wilhelm Stekel auf der ersten medizinischen Tagung des Wiener Psychoanalytischen Vereins über die Frage der ›Selbstmordverursachung‹ und wiesen den Standpunkt zurück, dass Schule Schüler in den ›Selbstmord‹ treiben würde. Aber auch sie wollten und konnten die Schule nicht ganz von einer Mitverantwortung an dem Geschehen freisprechen, denn – so Adler (1910, S. 7 ff.) – sie bringe durch Notengebung, Leistungsdruck, Versetzung/Nichtversetzung Schülerinnen und Schüler in Krisen, die einen »Selbstmord motivieren« könnten.

Es handelt sich um eine wissenschaftliche Kontroverse, die bis heute – wenn auch in abgeschwächter Form – anhält. Durch Zensurengebung, Disziplinarmaßnahmen, Tadel, Schulverweis etc. stellt Schule auch heute ein Risikofaktor für die Entwicklung von Suizidalität dar. Es gibt Schülerinnen und Schüler, die solche Maßnahmen psychisch nur schlecht verkraften und sie zum Anlass nehmen, ihr Leben zu beenden (Bründel 2004).

Dennoch muss gesagt werden, dass Schule für Schüler zwar Anlässe für Suizidversuche und Suizide bietet, aber dass die Ursachen für suizidales Verhalten tiefer liegen. Schon Gappmayer (1987, S. 91) betonte, dass Suizidalität bei Schülerinnen und Schülern immer im Gesamtzusammenhang einer ungünstigen Entwicklung gesehen werden müsste. Eltern verstehen es oftmals nicht, schulisches Leistungsversagen ihrer Kinder angemessen aufzufangen. Schulische Misserfolge erhalten häufig erst durch elterliche Reaktionen und auch Sanktionen die Brisanz, die dann ›die Lawine ins Rollen‹ bzw. ›das Fass zum Überlaufen bringt‹ und bei Jugendlichen den Entschluss zur Tat auslöst.

Mobbing durch Mitschüler

Schulleistungsstörungen, geringes Selbstbewusstsein, anhaltende Kränkungen und Beschämungen auch durch Mitschüler können Suizidgedanken hervorbringen (Miller & Eckert 2009). Dies ist dann umso mehr der Fall, wenn Schülerinnen und Schüler in der Schule gemobbt werden (Kim & Leventhal 2008; Brunstein Klomek, Sourander & Gould 2011). Mobbing und Cybermobbing ist an Schulen stark verbreitet. Es handelt sich um Auslachen, Beschämen, Beleidigen, Ausgrenzen, Schlagen, Erpressen. Das sind Handlungen, die, wenn sie systematisch, wiederholt und über einen längeren Zeitraum erfolgen, die Opfer psychisch zermürben. Sie wissen sich dann oft nicht zu helfen und können dem Teufelskreis des Mobbens ohne fremde Hilfe nicht entrinnen. Dennoch gibt es keinen kausalen Zusammenhang zwischen Mobbing und Suizid, die meisten Schülerinnen und Schüler, die sich gemobbt fühlen, werden deshalb nicht suizidal, aber sie können es werden, wenn bestimmte psychische Vorbedingungen und Konstellationen vorliegen, wie z.B. Ängste und Depressionen.

In der heutigen Forschung wird nicht mehr – wie zu Anfang des vorigen Jahrtausends – eine Polarität in der Zuschreibung der Ursachen ›Schule *oder* Elternhaus‹ vertreten, sondern eher das Zusammentreffen vieler Faktoren, die aus unterschiedlichen Lebensbereichen zusammenkommen und sich in ihrer Wirkung multiplizieren oder gar potenzieren (Orbach & Iohan-Barak 2009; Wasserman & Wasserman 2009).

Fehlinterpretationen der psychischen Not

Fast alle Jugendlichen machen auf ihre psychische Not in irgendeiner Weise aufmerksam, sei es durch verbale oder nonverbale Signale. Diese werden jedoch häufig von Familienangehörigen (Eltern, Geschwister) und Mitgliedern des sozialen Netzwerks (Freunde, Klassenkameraden) fehlgedeutet. Es gibt drei emotionale und intellektuelle Blockaden, die verhindern, dass ihre Gefährdung erkannt und ihnen geholfen werden kann (Owens, Owen, Belam, Lloyd et al. 2011, S. 2 ff.):

1. Die suizidale Person kommuniziert ihre Not nicht deutlich genug.
2. Die Umwelt nimmt die Signale zwar wahr, aber interpretiert sie falsch.
3. Die Umwelt nimmt sie wahr, bleibt aber untätig.

3.2 Belastende Lebensbereiche

Zu 1.: Alarmsignale, die suizidale Jugendliche aussenden, sind häufig widersprüchlich. Die Ambivalenz in der Grundstimmung der Jugendlichen – ein Hin- und Herschwanken zwischen dem Wunsch, zu sterben, aber auch zu leben – führt zu diskrepanten Verhaltensweisen, so dass die nahen Angehörigen den Eindruck haben, zwei verschiedene Personen vor sich zu haben. Mal ist die betreffende Person traurig, mal wieder ausgeglichen. Der suizidale Jugendliche lebt in zwei verschiedenen Welten, er ist heiter und denkt doch an Suizid und bereitet ihn innerlich vor. Vor allem in der letzten Phase der Suizidplanung geben sich Jugendliche betont gelassen, sogar häufig fröhlich und gehen wieder ihren Vereinsaktivitäten nach, die sie zuvor aufgegeben haben. Ihre Umwelt reagiert erleichtert, aber in Wirklichkeit hat sich die suizidale Stimmung der Betreffenden nicht geändert. Sie geben ihren Familien keine Chance mehr, den Ernst der Situation zu erfassen. Auf Nachfragen antworten Jugendliche dann häufig, dass alles in Ordnung sei. Sie täuschen ihre Umwelt bewusst über ihre wahren Gefühle, weil sie schon fest entschlossen sind, ihr Leben zu beenden (a. a. O., S. 3 ff.).

- Vater: »Er war schon immer sehr verschlossen. Ich wusste nie, was er wirklich fühlt. Er baute eine Fassade auf.«
- Freund: »Er ging nie aus sich heraus. Ich wollte auch nicht nachfragen und bohren, das wäre ihm auch nicht recht gewesen.«
- Schwester: »Selbst wenn er etwas getrunken hatte, öffnete er sich nicht. Ich habe es oft versucht.«
- Bruder: »Bei uns war es nicht üblich, über Gefühle zu reden.«

Leider gibt es in vielen Familien immer noch so etwas wie eine stillschweigende Übereinkunft, dass mit Jungen nicht über Gefühle geredet wird. Zwischen Vätern und Söhnen herrscht oft Schweigen. Mütter sind eher in der Lage, sich in ihre Kinder hineinzuversetzen, aber auch sie können die Signale missverstehen und die scheinbar positiven überbewerten.

Zu 2.: Eltern und Geschwister nehmen zwar die Hilferufe wahr, aber sie interpretieren sie falsch und neigen zur Verharmlosung (Owens, Owen, Belam et al. 2011, S. 4f.).

- Mutter: »Er hatte Liebeskummer, das ist normal in seinem Alter.«
- Mutter: »Sie war immer ein so fröhliches Kind. Um sie brauchten wir uns keine Sorgen zu machen, aber um ihre Schwester. Sie war mein Sorgenkind.«
- Mutter: »Unsere Ehe lief nicht gut. Ich hatte Angst, meinen Mann zu verlieren.«
- Mutter: »Sie war unerträglich, aber ich glaubte, das ginge vorüber.«

Eltern sind manchmal sehr mit sich selbst beschäftigt und haben eigene Sorgen, Probleme und Krankheiten, oder sie kümmern sich exzessiv um andere Geschwisterkinder, die ihrer Unterstützung und Pflege bedürfen. Bei Töchtern wird das depressive Verhalten oft verkannt und als typisches ›mürrisches‹ Teenagerverhalten, das sich von allein wieder gibt, verstanden. Ihr Verhalten wird als ›normal‹ interpretiert. Dabei werden die Grenzen des ›Normalen‹ unbewusst erweitert, um sich nicht allzu sehr beunruhigen zu müssen. Familiäre Nähe kann geradezu ein Hindernisfaktor sein, Notsignale wahrzunehmen und richtig zu deuten. Man möchte die Not des eigenen Kindes nicht wahrhaben, man glaubt, man könne ihm dadurch helfen, dass man so weiterlebt wie bisher – ein Irrglaube (a. a. O.).

Zu 3.: Angehörige und Freunde fühlen sich manchmal angesichts der Not, die sie bei ihrem Kind oder Freund wahrnehmen, wie gelähmt. Sie warten ab und beobachten, aber sie scheuen sich, den Suizidgefährdeten auf sein Verhalten anzusprechen, wollen nicht in seine ›Intimsphäre‹ eindringen und glauben, dass es richtig sei, seine Zurückgezogenheit zu respektieren. Sie fühlen sich nicht qualifiziert genug, um zu helfen. Häufig fehlt es an Informationen über Beratungsstellen und Hilfsmöglichkeiten (a. a. O., S. 4 f.).

- Vater: »Ich spürte immer so eine Spannung in meiner Beziehung zu ihm. Einerseits wollte ich mit ihm etwas unternehmen, andererseits spürte ich seine Abwehr.«
- Vater: »Meine Familie ist immer alleine zurechtgekommen. Wir dachten überhaupt nicht an externe Hilfe. Und wo hätten wir sie suchen sollen?«
- Freund/Klassenkamerad: »Ich kannte keine Beratungsstellen, so konnte ich meinem Freund auch nicht helfen.«

Aufgrund der bei Freunden und Eltern sehr häufig anzutreffenden Unkenntnis über psychosoziale Einrichtungen für Jugendliche in psychischer Not bleiben viele suizidale Jugendliche unentdeckt und können daher weder ärztlich noch psychisch behandelt werden (Horowitz, Ballard & Pao 2009; Mark, Samm, Tooding et al. 2013).

Freizeitbereich

Es ist für Kinder und Jugendliche außerordentlich wichtig, nicht nur in der Schule, sondern auch in ihrer Freizeit Beziehungen zu Gleichaltrigen und besonders Freundschaften zu pflegen. Freundschaftsbeziehungen sind für ihre Persönlichkeitsentwicklung, ihr Selbstwertgefühl und ihre Selbstwirksamkeit von großer Bedeutung. In engen Freundschaften erleben sie Vertrauen, Verlässlichkeit, Wertschätzung, Anerkennung und emotionale Unterstützung. »Freizeit ist ein Labor der Selbsterfahrung« (Shell-Studie 2010, S. 80). Das bedeutet aber auch, dass es dort nicht nur Glück und Freude gibt, sondern häufig auch Enttäuschungen, Konkurrenz, Neid und Missgunst. Das ist nicht nur in den ›direkten (Offline-)Freundschaften‹

der Fall, sondern auch in den ›virtuellen (Online-)Freundschaften‹, in denen auf SchülerVZ, Twitter, MySpace, StayFriends, YouTube, Facebook und WhatsApp Gedanken und Gefühle, Freud und Leid ausgetauscht und gemeinsam erlebt werden.

Internetaktivitäten

Aus der KIM-Studie (Kinder + Medien + Computer + Internet; 2012) und der JIM-Studie (Jugend, Information, (Multi-)Media; 2012) sowie auch aus der SINUS-Jugendstudie (2012) wird deutlich, dass Kinder und Jugendliche heute mit allen modernen Medien wie Computer, Handy und Smartphone ausgestattet sind und die Techniken der Internetkommunikation bestens beherrschen. Jugendliche positionieren sich unter Gleichaltrigen in hohem Maße über den Besitz dieser Medien. Der iPod ist ein lebenswichtiger Begleiter. Wer kein Handy oder Smartphone besitzt, ist ein Außenseiter. Kommuniziert wird vor allem über das kostenlose WhatsApp. WhatsApp ist zurzeit das unter Jugendlichen beliebteste Kurzmitteilungssystem, über das sämtliche Informationen, Neuigkeiten ausgetauscht und Verabredungen getroffen werden. Möglichst viele Freunde in den ›social communities‹ zu haben und täglich mit ihnen zu chatten und Fotos zu verschicken, ist eine Frage des Prestiges und gehört mit zur häufigsten Freizeitbeschäftigung.»Jugendliche spüren einen Druck zur Vernetzung und zur gelungenen Performance in Social-Web-Angeboten« (SINUS-Jugendstudie 2012, S. 53).

Internetaktivitäten und besonders der Austausch von Fotos bergen große Gefahren für Jugendliche, die mit den Begriffen ›happy slapping‹ und ›sexting‹ bezeichnet werden. Ersteres beschreibt eine Gewaltform in Gruppen von Jugendlichen, die darin besteht, Prügelszenen, Vergewaltigungen und Misshandlungen mit dem Smartphone zu filmen, um die Fotos dann zu versenden und ins Internet zu stellen. ›Sexting‹ spielt sich eher unter befreundeten und verliebten Jugendlichen ab, die gerne Nacktfotos von sich austauschen, sie dann aber, wenn die Freundschaft bröckelt oder beendet ist, weiterversenden, um sie einer großen Anzahl von Freunden zugänglich zu machen. Diese Formen psychischer und physischer Gewalt führen bei ihren Opfern zu tiefen Verletzungen und Demütigungen und können mit starken Traumatisierungen verbunden sein und Suizide auslösen.

Durch die Verbreitung des Internets hat sich auch der Freundschaftsbegriff verändert. Während es in früheren Zeiten für Kinder und Jugendliche sehr wichtig war, einen guten Freund, eine gute Freundin zu haben, mit dem/der fast ausschließlich die Freizeit verbracht wurde, haben Kinder und Jugendliche heute viele ›Freunde‹, mit denen sie über das Internet kommunizieren. Der Unterschied besteht jedoch darin, dass sie häufig diese ›Freunde‹ noch nie gesehen haben, sondern mit ihnen aufgrund einiger im Netz angegebener Eigenschaften und Vorlieben sowie festgestellter Gemeinsamkeit in Kontakt getreten sind. Diese Art der Kontakte ersetzt jedoch nicht die sozialen Kontakte in der ›Offline-Welt‹.

Direkte (Offline-)Freundschaften

Neben den Internetbekanntschaften werden noch immer feste, ›direkte‹ Freundschaften geschlossen und gepflegt. 97 Prozent der Jugendlichen geben als ihre zweitliebste Freizeitbeschäftigung an: ›Mit Freunden zusammen sein‹ (SINUS-Jugendstudie 2012, S. 51). Wenn diese ›direkten‹ Freundschaften zerbrechen, stürzt für viele Jugendliche die Welt zusammen. Wenn die ehemalige Freundin/der ehemalige Freund sich nicht nur abwendet, sondern auch noch den eigenen Freund/die eigene Freundin wegnimmt, ist das Leid besonders groß. Diese Konstellation ist im Sinne der Suizidauslösung von hoher Brisanz.

Sexuelle Beziehungen

Die Aufnahme sexueller Beziehungen ist für die meisten Jugendlichen erstrebenswert. Ein Auseinanderbrechen von Liebesbeziehungen ist jedoch ein häufiger Anlass, sich das Leben zu nehmen, und zwar spontan und ohne vorherige Ankündigungen.

Homosexuelle Jugendliche haben es bei der Aufnahme sexueller Beziehungen sehr viel schwerer als heterosexuelle, da sie mit ihrer sexuellen Orientierung häufig noch hadern und sich nicht trauen, dazu zu stehen. Sie wissen, dass die Bezeichnung ›schwul‹ im Jugendjargon einer Abwertung gleichkommt und halten daher ihre Homosexualität lange geheim. Nicht alle Eltern reagieren verständnisvoll und akzeptierend. Die Forschungsergebnisse über Elternreaktionen beim Coming-out aus den 1980er und 1990er Jahren sind erschreckend (Rofes 1984; Gibson 1989; D'Augelli & Hershberger 1998). Aber auch heute müssen homosexuelle Jugendliche noch vielfach in Familie, Schule und im Freizeitbereich mit Abwehr, Unverständnis, Beleidigungen und heftigen Diffamierungen rechnen (Hurrelmann & Quenzel 2012). Viele von ihnen machen eine lange Leidenszeit durch, ehe sie sich selbst akzeptieren und sich ihren Eltern oder Freunden mitteilen. Insbesondere leiden männliche Jugendliche unter dem Bewusstsein, schwul zu sein, und haben größere Schwierigkeiten, ihre sexuelle Identität zu akzeptieren als weibliche Jugendliche.

Bass & Kaufmann (1999) kamen in ihrer Studie zur Lebenssituation gleichgeschlechtlich orientierter Jugendlichen, die im Auftrag der Berliner Senatsverwaltung in Auftrag gegeben worden war, zu dem Ergebnis, dass 18 Prozent der befragten homosexuellen Jugendlichen schon einmal einen Suizidversuch unternommen hatten. Auch in diesem Jahrtausend ist das Thema Homosexualität immer noch mit einem großen Tabu belegt (D'Augelli, Pilkington & Hershberger 2002). Die Selbstmordrate von schwulen und lesbischen Jugendlichen liegt ca. vier- bis siebenmal höher als bei heterosexuellen (Rauchfleisch 2011).

Der Weltärztebund hat auf seiner 64. Generalversammlung 2013 in Brasilien klar und deutlich festgestellt, dass Homosexualität keine Krankheit oder Entwicklungsstörung ist und demzufolge auch keiner Heilung und Behandlung bedarf. Sie ist Bestandteil der natürlichen sexuellen Orientierung, die soziokulturell nicht beeinflussbar, nicht verändert und nicht auf Verführung oder gar Erziehungsfehler zurückgeführt werden kann (Mahler 2014).

Suizidforen im Internet

Im Internet und im Web 2.0 gibt es über tausend Websites, Blogs und Foren zu selbstgefährdenden Verhaltensweisen. Das Web 2.0 ist ein ›Mitmachnetz‹, das seinen Usern ermöglicht, Textinhalte zu produzieren und Bilder ins Netz zu stellen. Es gibt zwar auch Angebote von professionellen Beratungsstellen wie von Betroffenen mit dem Ziel, Hilfe zur Selbsthilfe zu geben (Rauchfuß & Knierim 2011), aber die Bandbreite von ›Pro-*Selbstgefährdungsangeboten*‹, von Selbstverletzungen über Essstörungen bis zu Suizid ist groß. Ihre Betreiber lehnen *Selbsthilfeangebote* ab und glorifizieren stattdessen selbstgefährdendes Verhalten. Es gibt bisher keine Regeln, die entsprechende Inhalte verbieten (a. a. O.).

In prosuizidalen Foren wird ein Klima erzeugt, das zur Nachahmung anregt. Es werden selbstschädigende Verhaltensweisen idealisiert, Diskussionen über die sicherste Methode geführt, Suizide angekündigt und Aufrufe zum gemeinsamen Suizid getätigt. Auf Jugendliche können solche Inhalte einen verheerenden Einfluss ausüben. Immer wieder kommt es vor, dass Jugendliche, aber auch Erwachsene sich in Suizidforen zum gemeinsamen Suizid verabreden und ihn auch durchführen. Im Jahr 2000 sprangen ein 24-jähriger Norweger und eine 17-jährige Österreicherin von einer Felsenklippe, nachdem sie sich beide im Internet dazu verabredet hatten. 2011 trafen sich drei weibliche Jugendliche im Alter von 16 bis 19 Jahren zum gemeinsamen Suizid im Wald bei Cloppenburg (Der Tagesspiegel vom 16.8.2011). Diese Taten stehen beispielhaft für viele andere und lassen das Internet zu einem gefährlichen Medium werden.

Doch empirische Forschungsergebnisse von Eichenberg (2010), die sich auf eine überwiegend jugendliche Nutzergruppe des Suizidforums ›Selbstmord‹ (www.selbstmordforum.de) beziehen, relativieren diese Gefahr:

- Suizidforen werden überwiegend von Personen genutzt, die schon seit ein bis drei Jahren und sogar schon länger als fünf Jahre suizidale Gedanken hatten.

- 81 Prozent derjenigen, die das Selbstmordforum nutzten, taten das, um Menschen mit ähnlichen Problemen kennenzulernen und um ihre eigenen Probleme mitteilen zu können und die der anderen zu erfahren.
- Nur bei wenigen (19 %) war das Motiv zutreffend, ›um jemanden zu finden, der sich mit mir zusammen umbringt‹.
- Die User von Suizidforen sind keine homogene Gruppe, sondern lassen sich in drei Nutzertypen einteilen: die ambivalent Hilfesuchenden (21 %), die unspezifisch Motivierten (31 %) und die konstruktiv Hilfesuchenden (48 %).

Die Gefahrenzuschreibungen über den negativen Einfluss der Suizidforen können also entdramatisiert werden. Es gibt bisher keine Belege dafür, dass Jugendliche durch die Teilnahme an Suizidforen ›suizidal gemacht‹ werden.

> **Exkurs: Zu einigen Theorievorstellungen zur Entstehung von Suizidalität**
> Gemäß der psychoanalytischen Theorie wird in den beiden ersten Lebensjahren eines Kindes die Basis für Selbstsicherheit und Selbstvertrauen geschaffen. Misslingt dies, bleiben Kinder und Jugendliche bis ins Erwachsenenalter anfällig für Depression und Suizidalität. Bei Enttäuschungen und Kränkungen in der Eltern-Kind-Beziehung können sich Hassgefühle entwickeln, die sich in Rache- und Mordimpulsen gegenüber denjenigen verwandeln, die sie einst geliebt haben, aber sich häufig auch gegen die eigene Person richten. »Der Mordimpuls wird im Selbstmord realisiert« (Bründel 2004, S. 109). Nach Adler (1910, S. 33) »tötet niemand sich selbst, es sei denn, er wolle einen anderen töten«. Shneidman (1980, S. 46) definiert den Suizid als »einen um 180 Grad gedrehten Mord.«
>
> Andere Ansätze betonen die Gefühle der Hilflosigkeit, die sich im Verlauf des Heranwachsens einstellen können (Seligman 1975/1999). Danach besteht ein hohes Suizidrisiko, wenn Miss-

erfolge und Enttäuschungen ständig der eigenen Unfähigkeit zugeschrieben und negative Situationen und Erfahrungen mit der Umwelt als nicht beeinflussbar in Familie, Schule oder Peers erlebt wurden.

Das kognitiv-emotionale Modell (Beck, Rush, Shaw et al. 1996) unterstreicht die negativen Gedanken und Denkfehler. Depressive Kinder und Jugendliche neigen nach Spröber, Straub, Fegert & Kölch (2012, S. 28) zu:

- Übergeneralisierung: »Egal, was ich tue, es wird nicht gut gehen.«
- Willkürlichen Schlussfolgerungen: »Mein Schulfreund hat mich nicht gegrüßt, er ist sicher wütend auf mich.«
- Dichotomem Denken: »Meine Leistung kann nur perfekt oder miserabel sein.«
- Personalisierung: »Ich allein bin verantwortlich für den Tod meiner krebskranken Mutter.«
- Selektive Abstraktion: »Der Aufsatz war schlecht, weil ich vergessen habe, das Datum dazuzuschreiben.«
- Katastrophisierung: »Ich habe eine ›5‹ im Test geschrieben, jetzt werde ich niemals meinen Abschluss bekommen.«
- Maximieren/Minimieren: »Ein Teil meiner Hausaufgaben war falsch, das zeigt mir, dass ich ein schlechter Schüler bin.«
- Gedankenlesen: »Die anderen denken, ich bin ein Versager.«

In der dynamischen Theorie spielt die Aggressionsumkehr eine große Rolle (Ringel 1953; 1986; 1989). Das »Präsuizidale Syndrom« vereint die drei Symptome ›Einengung‹, ›Aggressionshemmung‹ und ›Suizidfantasien‹. Ringel hatte es ursprünglich auf Erwachsene bezogen, später jedoch auch auf Kinder und Jugendliche übertragen (▶ **Abb. 3**).

Symptom 1: Präsuizidale Kinder und Jugendliche fühlen sich von den Anforderungen ihrer Umwelt (Familie, Schule, Peers)

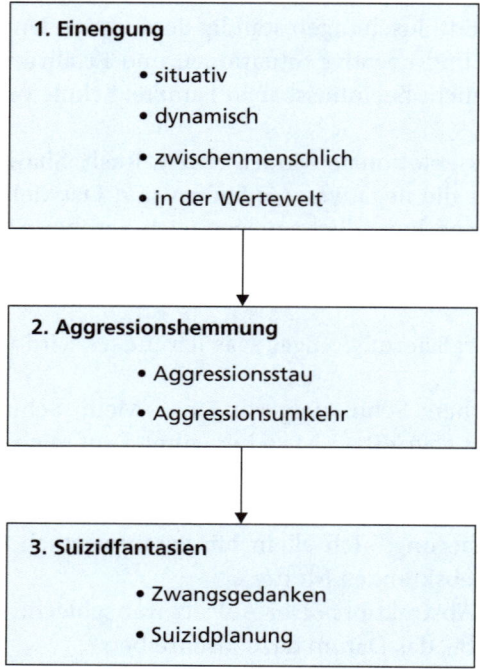

Abb. 3: Das Präsuizidale Syndrom

eingeengt und erdrückt. Sie sehen ihre Gegenwart und Zukunft düster und schwarz. Ihre Vergangenheit erscheint ihnen traurig und leer. Ihnen ist, als ob sie nie gelebt hätten.

Symptom 2: Die Stimmung ist depressiv, grüblerisch und anklagend. Aggressionsobjekt vieler Jugendlicher ist häufig der Vater, eine Lehrkraft, eine Autoritätsperson oder eine einst geliebte andere Person wie Freund oder Freundin. Die Aggression geht so weit, dass sich der Betreffende vorstellt, mit dem eigenen Tod den anderen bis an sein Lebensende zu bestrafen.

Neuropsychologische und neurobiologische Studien betonen den Zusammenhang zwischen suizidalem Verhalten und Aggressivität (Bronisch 2009). An die Aggressivität sind Reizbarkeit, Feindseligkeit und Impulsivität geknüpft, die ebenfalls wichtige Determinanten suizidalen Verhaltens sind. Es ist nicht nur die nach innen gerichtete Aggressivität, sondern auch die nach außen gerichtete, die für suizidale Personen kennzeichnend ist (Bronisch 2007).

Symptom 3: Suizidfantasien ziehen sich oft lange hin, bevor der Betreffende die Tat ausführt. Zunächst träumen die Jugendlichen davon, tot zu sein, und stellen sich vor, dass sie dann keine Probleme mehr hätten. Sie nehmen sozusagen das Resultat des Sterbens vorweg. Doch allmählich beginnen sie mit der konkreten Planung. In dieser Zeit sprechen die Jugendlichen nicht mehr über ihre Suizidabsichten, und die Mitwelt hat so gut wie keine Chance mehr, etwas über ihre Gedanken und somit über ihre Gefährdung zu erfahren.

Auch wenn Ringel (1953) in der Suizidalität zunächst immer eine krankhafte psychische Entwicklung sah, revidierte er später diese Ansicht und erkannte, dass nicht jeder Suizid Ausdruck einer Krankheit ist. Diese Meinung ist immer noch hochaktuell und trifft besonders auf Jugendliche zu, die manchmal schon bei alltäglichen Ärgernissen in Schule und Elternhaus zu unüberlegten und spontanen Entschlüssen neigen und in Phasen großer Enttäuschungen schnell bereit sind, alles – einschließlich ihres Lebens – aufzugeben. Narzisstische Kränkungen spielen bei ihnen eine große Rolle und lösen oftmals die Suizidhandlung aus.

Dies wird tief empfunden in dem Gedicht von Nikolaus Lenau (1802–1859), abgedruckt in Ringel (1986, S. 48):

> Und mir verging die Jugend traurig,
> Des Frühlings Wonne blieb versäumt,
> Der Herbst durchweht mich trennungsschaurig,
> Mein Herz dem Tod entgegenträumt.

II

Angloamerikanische Suizidpräventionsprogramme

In angloamerikanischen Ländern gibt es schon seit mehr als dreißig Jahren – anders als in Deutschland und deutschsprachigen Ländern Europas – schulbasierte Suizidpräventionsprogramme. Aber vor ihrer Einführung hatte es dort – wie auch später in deutschen Schulen – viel Skepsis und etliche Barrieren gegeben (Dyck 1991). In den USA fühlten sich viele Lehrkräfte durch die zahlreichen Anforderungen, die an sie gestellt wurden, überfordert und entwickelten Widerstände, sich neben Problemen wie Aggressivität, Gewalt, Kriminalität und Drogen nun auch noch der Suizidproblematik zuzuwenden. Ihre Argumentation war, dass es sich ja doch um ein eher seltenes Ereignis handeln würde. Außerdem fühlten sie sich nicht gut genug informiert und fortgebildet. Sie meinten, Suizidprävention sei Aufgabe der Eltern.

Durch langjährige Aufklärungsarbeit in den USA und ausführliche Informationen über Anlässe von Suizid, Motivstrukturen und Suizidtheorien konnten schließlich viele Schulen für die Präventionsarbeit gewonnen werden, zumal immer wieder betont wurde, dass Suizidpräventionsprogramme – unter der Bedingung ihrer professionellen Durchführung – keine Suizide auslösen würden. Diese Meinung vertraten vor allem Kalafat & Elias (1991, S. 234): »There was no evidence, that the programs had induced suicidal behavior in any of the students«. Auch Smith (1989; 1991) beurteilte die bis dahin gemachten Erfahrungen als durchweg positiv.

In Deutschland gab es diese Aufklärungsarbeit über den Nutzen von Suizidpräventionsprogrammen nicht, es wurden in den 1980er und 1990er Jahren bis hin zu diesem Jahrtausend keine oder nur wenige Suizidpräventionsprogramme entwickelt. Viele Lehrkräfte und Schulleiter standen und stehen auch heute noch Suizidpräventionsprogrammen skeptisch gegenüber und verweisen mit Recht darauf, dass es sich bei Suizid und Suizidgefährdung um sehr sensible Themen handelt, die keinerlei Experimente mit unsicherem Ausgang erlauben würden. Im Tenor ähneln die Äußerungen deutscher Schulleitungen den Aussagen damaliger skeptischer amerikanischer Schulleitungen: »Suicide does not happen in my school« oder auch »Suicide is not a problem here« (Dyck 1991, S. 43). Sie befürchten, dass Suizide bei Schülern durch das Sprechen darüber erst ausgelöst werden könnten.

1

Programmentwicklung in den 1980er und 1990er Jahren

In den 1980er und 1990er Jahren des vorigen Jahrtausends erschien in den angloamerikanischen Ländern eine unüberschaubare Anzahl von Suizidpräventions- und Interventionsprogrammen sowie von Artikeln und Studien. Sie waren von großer Zuversicht und dem Glauben an die Effektivität von Suizidprävention getragen.

Ziel war, suizidale bzw. gefährdete Jugendliche frühzeitig zu erkennen und damit die Häufigkeit von Suiziden zu verringern (Ross & Lee 1977; Ross 1980; Capuzzi & Golden 1988; Shaffer, Garland, Gould et al. 1988; Poland 1989; Smith 1989; Dyck 1991; Leenaars & Wenckstern 1991; Ryerson 1991; Kalafat & Elias 1991; Hoff 1991).

1 Programmentwicklung in den 1980er und 1990er Jahren

Mit der Entwicklung angloamerikanischer Suizidpräventionsprogramme und ihrem Einsatz in Schulen war die Hoffnung verbunden, suizidgefährdeten Schülerinnen und Schülern zu helfen, ihre psychischen Belastungen erfolgreich zu bewältigen und sie zu ermutigen, Hilfe von Freunden, Eltern, Lehrern und externen Experten in Anspruch zu nehmen. Diese Zielsetzung war faszinierend und vielversprechend. Dyck (1991), Leenaars & Wenckstern (1991) sowie Kalafat & Elias (1991) betonten einhellig, dass Schule für eine wirkungsvolle Suizidprävention der Einflussbereich par excellence sei, da Lehrer und Schüler einen Großteil des Tages gemeinsam in der Schule verbringen würden. Lehrkräfte könnten daher die komplexe Suizidproblematik im Unterricht ansprechen und den häufig anzutreffenden ›positiven Einstellungen‹ von Schülern zum Suizid als einer möglichen Option entgegensteuern. Lehrkräfte könnten auf Warnsignale hinweisen und somit Schülerinnen und Schüler motivieren, verstärkt auf diese zu achten, um die Gefährdung eines Klassenkameraden frühzeitig zu erkennen. Lehrer und Schüler hätten in der Schule gute Möglichkeiten – so die einhellige Meinung – Veränderungen im Verhalten eines Schülers zu beobachten, könnten ihn darauf ansprechen und auf Hilfsmöglichkeiten hinweisen. Diese aufzuzeigen, sei eine wichtige Aufgabe der Suizidprävention.

Ein weiteres Argument für die Einführung von Suizidpräventionsprogrammen war, dass Suizidprävention eine Teilaufgabe der Erziehung zur Lebensbewältigung sei und dass Schule in der Verantwortung stünde, neben der Bildungsaufgabe auch die Erziehungsaufgabe wahrzunehmen.

Weiterhin gründete der Optimismus bzgl. der Effektivität der Programme auf der Erfahrung, dass sich Jugendliche in psychischer Not vorzugsweise ihren engsten Freunden anvertrauen und in der Schule Hilferufe aussenden würden. Wenn also im Rahmen von Suizidpräventionsprogrammen mit Schülerinnen und Schülern über Alarmsignale gesprochen würde und sie für diese sensibilisiert würden, dann bestünde Hoffnung, dass die Hilferufe schneller erkannt und Hilfsmaßnamen eher eingeleitet werden könnten. Daher thematisierten viele der bestehenden frühen Präventionsprogramme nicht nur die sog. ›suicide-awareness‹-Hinweise, sondern auch Hinweise auf Unterstützungsmöglichkeiten und Beratungsstellen (Ross 1981; 1985; Ryerson & King 1986; Kalafat & Underwood 1989), z. B.:

- »Was kannst du tun, wenn du merkst, dass dein Freund/deine Freundin an Suizid denkt?«
- »Wie sprichst du ihn/sie an?«
- »An wen kannst du dich wenden, um deinem Freund/Deiner Freundin Hilfe und Unterstützung zu vermitteln?«

Nur vereinzelt wurden kritische Stimmen laut, die zur Vorsicht beim Einsatz der Programme mahnten und vor ungewollten negativen Einflüssen warnten. Dennoch waren die Programme beliebt und wurden in den USA, Kanada, Australien und Neuseeland in vielen Schulen eingesetzt. In den deutschsprachigen Ländern Europas gab es in diesem Zeitraum keine schulbasierten Suizidpräventionsprogramme.

2
Einsetzende Kritik an den Programmen

Die anfängliche Euphorie, mithilfe von Suizidpräventionsprogrammen suizidgefährdete Schülerinnen und Schüler erkennen und diese rechtzeitig einer ärztlich/psychologischen Behandlung zuführen zu können, ließ in der angloamerikanischen Literatur der nachfolgenden Jahre sichtlich nach. Die Kritik setzte schon in den 1990er Jahren des vorigen Jahrtausends ein (Miller, Coombs, Leeper et al. 1984; Shaffer, Garland, Gould et al. 1988; Tierney, Ramsay, Tanney et al. 1991; Berman 1991) und wurde im Laufe des jetzigen Jahrtausends immer stärker und systematischer geäußert. Shaffer & Gould (2002, S. 646 f.) nannten vier Gründe, die gegen die Durchführung von Suizidpräventionsprogrammen sprechen:

2 Einsetzende Kritik an den Programmen

1. Suizidalität ist ein komplexes psychodynamisches und psychosoziales Problem, das nicht mit einfachen didaktischen Konzepten in der Schule zu lösen ist.
2. Mit Gruppen von Schülerinnen und Schülern über das Thema Suizid zu sprechen, kann in dem Sinne gegenteilige, nicht intendierte Effekte haben, dass einzelne Schülerinnen und Schüler sich von der Thematik angezogen und sich bei latenter Suizidalität angeregt fühlen, ihr Leben zu beenden (Hazell & King 1996; Shaffer, Garland & Gould 1988).
3. Suizidindikatoren wie Suizidgedanken, Gefühle der Hoffnungslosigkeit werden im alltäglichen Schulleben nicht immer deutlich sichtbar und sind daher nicht zuverlässig identifizierbar.
4. Die häufigsten Suizide von Jugendlichen geschehen mit 18 und 19 Jahren, also in einem Alter, in dem die Mehrzahl der Jugendlichen die Schule bereits verlassen hat.

Es mehrten sich kritische Stimmen, die deutliche Grenzen der Schule in ihrer Rolle, suizidpräventiv wirksam sein zu können, artikulierten (Kalafat 2003):

- Nicht alle Schülerinnen und Schüler zeigen erkennbare Signale.
- Nicht allen Lehrkräften ist es möglich, Alarmzeichen wahrzunehmen, selbst wenn diese deutlich erkennbar sind.
- Kurzfristig durchgeführte, einmalige Unterrichtseinheiten haben sich als wenig effektiv erwiesen.
- Das Thema ›Suizid‹ ohne größere Vorbereitungen und tieferliegende Kenntnisse der Lehrkräfte über das Suizidgeschehen in den Unterricht einzubringen, ist unprofessionell.
- Gefährdete Schülerinnen und Schüler zu erkennen, aber nicht zu wissen, welche Hilfen ihnen angeboten werden können, kann im schlimmsten Fall sehr negative Folgen haben (a. a. O.).

3

Einteilung in Programmkategorien und ihre kritische Wertung

Auf der Basis solcher Bedenken oder gerade trotz dieser Bedenken erschienen zu Beginn des jetzigen Jahrtausends bis heute in angloamerikanischen Ländern anhaltend viele Buchbeiträge, Übersichtsartikel und ›systematic reviews‹. Die Autoren unterzogen die existierenden Präventionsprogramme der letzten zehn bis fünfzehn Jahre einer kritischen Sicht und einer systematischen Kategorisierung (Shaffer & Gould 2002; Gould, Greenberg, Drew, Velting & Shaffer 2003; Kalafat 2003; Mann, Apter, Bertolote et al. 2005; Chagnon, Houle, Marcoux & Renaud 2007; Yip 2011; Cusimano & Sameem 2011; Robinson, Hetrick & Martin 2011; van de Feltz-Cornelis, Sarchiapone, Postuvan et al. 2011; Robinson, Yuen, Martin et al. 2011;

Roscoät & Beck 2013; Robinson, Cox, Manole et al. 2013; Silva, de; Parker, Purcel et al. 2013; Klimes-Dougan, Klingbeil & Meller 2013). Fast alle Autoren kamen zu der Erkenntnis, dass – selbst wenn es einige positive Effekte gegeben haben mag – die Programme doch mit einiger Vorsicht betrachtet werden müssten.

Die bestehenden angloamerikanischen Programme wurden zunehmend differenziert betrachtet und je nach inhaltlichen Schwerpunkten in unterschiedliche Programmkategorien eingeteilt. Sie wurden einer weiteren kritischen Sicht unterzogen:

1. Psychoedukative Präventionsprogramme
2. Screeningverfahren
3. Gatekeeper-Programme
4. Postventive Interventionen

3.1 Psychoedukative Präventionsprogramme

Psychoedukative Präventionsprogramme werden direkt im Unterricht eingesetzt und informieren Schülerinnen und Schüler vor allem über das Thema ›Suizid‹. Über ihre Effektivität gibt es widersprüchliche Meinungen. Einige Programme sollen zu einer Abnahme von Suizidgedanken und Suizidversuchen geführt haben (Aseltine & DeMartino 2004), aber valide Forschungsbelege gibt es dafür bis heute nicht (Cusimano & Sameem 2011). Das hat u. a. mit statistischen, aber auch ethischen Problemen der Messung zu tun: Randomisierte Kontrollgruppen in experimentellen Forschungsdesigns verbieten sich beim Thema Suizid. Bei Schülerinnen und Schülern konnte allerdings eine Verbesserung der Kenntnisse über Suizid festgestellt werden (a. a. O.). Dies bestätigen weitere Autoren (Portzky & van Heeringen 2006; Aseltine, James, Schilling & Glanovsky 2007). Doch mehr Wissen allein – so wird von Klimes-Dougan, Klingbeil & Meller (2013) kritisch angemerkt – verändert noch nicht die bei vielen Jugendlichen bestehende und gefährliche ›positive Einstellung‹ zum Suizid. Andere Autoren kamen zu dem Ergebnis, dass Präventionsprogramme die Bereitschaft von Schülerinnen und Schülern gestärkt hätten, sich Hilfe und Unterstützung zu holen (Klingman & Hochdorf 1993; Ciffone 1993; 2007; Kalafat & Elias 1994; Kalafat & Gagliano 1996).

> **Exkurs**
> In der angloamerikanischen Literatur wird die Bedeutung der ›Einstellung zum Suizid‹ immer wieder betont. Damit ist gemeint, dass viele Jugendliche häufig eine im Grunde ›positive Einstellung‹ zum Suizid haben. Sie glauben, Suizid würde bei Stress und Belastungen eine Handlungsoption darstellen. Sie unterschätzen, verkennen oder ignorieren damit die dem Suizid oftmals vorausgehende Depression und die damit zusammenhängende psychische Erkrankung.
>
> Es gibt Programme, die Suizid als eine verständliche, jedoch fehlgeleitete Antwort auf belastende Ereignisse ansehen und Schülerinnen und Schülern Filme zeigen, in denen Teenager davon berichten, dass sie sich so belastet gefühlt und nicht mehr gewusst hätten, wie sie ihre Probleme anders hätten lösen können als durch einen Suizidversuch (Garland, Shaffer & Whittle 1989). Diese Sichtweise steht im Widerspruch zu dem in der Wissenschaft etablierten Verständnis von Suizid als psychischer Krankheit und ignoriert die Bedeutung depressiver Symptome.
>
> Die Schlussfolgerung daraus lautet, dass bevor Suizidpräventionsprogramme in Schulen eingesetzt werden, sie auf das ihnen zugrunde liegende Verständnis von Suizid kritisch geprüft werden sollten (Shaffer & Gould 2002). Lehrkräfte müssen daher Schülerinnen und Schülern klar und deutlich zu verstehen geben, dass Suizidalität eine ›psychische Erkrankung‹ darstellt, die mit großem psychischem Leid, depressiven Stimmungen und Verzweiflung gekoppelt ist. Ihnen muss außerdem verdeutlicht werden, dass Suizidsymptome erkannt werden können und das tödliche Ende verhindert werden kann.

Shaffer & Gould (2002) berichten von insgesamt enttäuschenden Ergebnissen. Die erhofften Ziele, nämlich zu erreichen, dass Klassenkameraden in der Lage wären, auf Warnsignale zu achten und suizidgefährdete Klassenkameraden zu erkennen, seien nicht erreicht worden. Ebenso wenig hätten sie dazu geführt, dass Klassenkameraden sich trauten, Erwachsene über Freunde in psychischer Not zu informieren. In noch geringerem Maße hätten Programme zu einer abnehmenden Scheu der Jugendlichen geführt, fremde Hilfe in Anspruch zu nehmen (›help-seeking-behavior‹).

Die geringe Effektivität vieler psychoedukativer Programme kann u. a. auch mit der Art ihrer Durchführung, die meistens klassenweise geschah, begründet werden. Diese Vorgehensweise spricht den einzelnen Jugendlichen zu wenig an. Damit kann es zusammenhängen, dass sich die depressive Stimmung der Schülerinnen und Schüler wenig oder nicht verändert hat und ihre Copingstrategien auch nicht gestärkt werden konnten (a. a. O.). Um eine wirkliche Veränderung zu erzielen, bedarf es – so das Fazit – einer individuelleren Ansprache der Schülerinnen und Schüler sowie einer persönlichen Hilfestellung.

Eine große Anzahl der psychoedukativen Programme war ›selbstgestrickt‹ und nicht evaluiert worden. Bei manchen Suizidprogrammen bestand sogar die Gefahr möglicher schädlicher Einflüsse (Klimes-Dougan, Klingbeil & Meller 2013). Einige Studien haben als Folge von Suizidprogrammen eine Abnahme ›wünschenswerter Einstellungen‹ zum Suizid – Erkennen, dass Suizid das Ende einer psychischen Erkrankung darstellt – herausgefunden (Gould, Greenberg, Dres, Velting & Shaffer 2003).

Psychoedukative Programme bestehen häufig nur aus kurzen Unterrichtseinheiten. Zwei- bis Vier-Stunden-Einheiten können jedoch – entgegen bester Absicht – vor allem latent suizidale Schülerinnen und Schüler ermutigen, Suizid zu begehen. Dies ist vor allem dann der Fall, wenn dem Suizidgeschehen das Stressmodell zugrunde gelegt wird, d. h., dass Suizid als Antwort auf erhöhte Belastungen angesehen wird. Unterrichtseinheiten, die Suizid dagegen als psychische Erkrankung ansehen und gesundheitsfördernde Aspekte betonen und dabei die Schutzfaktoren besonders herausstreichen, sind eher in der Lage, Suizidgedanken und -pläne von Schülerinnen und Schülern zu reduzieren (http://theguide.fmhi.usf.edu; Stand: 4.9.2014).

An Schulen gerichtete Anregungen lauten (a. a. O.):

- Vermeiden Sie kurze Unterrichtseinheiten.
- Betonen Sie den Krankheitsaspekt von Suizid.
- Besprechen Sie das Thema ›Suizid‹ nicht in Klassen, in denen Schülerinnen oder Schüler sind, die einen Suizidversuch begangen haben.
- Stärken Sie vor allem Problemlöse- und Bewältigungsfähigkeiten Ihrer Schülerinnen und Schüler.
- Setzen Sie sich im Kollegium für abgestimmte Vorgehensweisen bei Verdacht auf Suizidgefährdung ein.

In vielen Programmen wird zu Recht eine Enttabuisierung des Suizids angestrebt. Das ist jedoch nicht ganz unproblematisch, denn damit geht die Gefahr einher, den Suizid zu ›normalisieren‹. Es könnte manche Jugendliche verführen, ihn spontan und unüberlegt doch als Handlungsoption zu verstehen, was ja gerade vermieden werden soll. Wenn Suizid u. a. als zweithäufigste Todesart bei Jugendlichen in Deutschland dargestellt wird – was der statistischen Tatsache entspricht –, so kann schon diese Information bei Jugendlichen den Eindruck erwecken, dass Suizid auch für sie ein gangbarer Weg sei, wenn ihn doch so viele beschreiten. So gerechtfertigt eine Enttabuisierung auch erscheint, es muss damit sensibel und verantwortungsvoll umgegangen werden.

Mann, Apter, Bertolote et al. (2005) favorisieren Programme, die vor allem Hinweise auf Unterstützungsmaßnahmen in den Mittelpunkt stellen und Jugendliche motivieren, ihren gefährdeten Klassenkameraden zu helfen, indem sie Erwachsene informieren. Studien haben allerdings ergeben, dass Jungen solchen Suizidpräventionsprogrammen abweisend gegenüberstehen, da sie erfahrungsgemäß noch größere Hemmungen als Mädchen haben, auf die psychische Not von Freunden einzugehen und ihnen zu sagen, dass sie sich Hilfe holen sollten (Gould, Velting, Kleinman et al. 2004; Eckert, Miller, DuPaul & Riley-Tillman 2006). Selbst wenn sie ein Präventionsprogramm in der Schule kennengelernt haben, sind männliche Jugendliche weniger in der Lage als weibliche, mit den als suizidgefährdet erkannten Klassenkameraden zu sprechen. Ferner zeigen sie, wenn sie selbst in Not sind, häufiger als Mädchen unangemessene Copingstrategien, wie z. B. übermäßiges Alkoholtrinken oder illegale Drogeneinnahme.

In manchen Studien wurde bei Jungen als Folge von Suizidpräventionsprogrammen eine Zunahme von Hoffnungslosigkeit und unangemessenen Bewältigungsstrategien festgestellt (Overholser, Hemstreet, Spirito et al. 1989). Weitere Studien kamen zu dem Ergebnis, dass Jungen eventuell andere Programme bräuchten, die auf einem niedrigeren Ausgangsniveau ansetzten, was ihre Fähigkeit anbetrifft, Gefühle auszudrücken und nonverbale Hinweise von Klassenkameraden besser zu verstehen. Mädchen dagegen profitierten mehr von psychoedukativen Programmen. Dies könnte daran liegen, dass sie schon vor der Durchführung bereiter gewesen waren, über ihre Gefühle zu sprechen – so Overholser, Evans & Spirito (1991).

Bestürzend sind Forschungsergebnisse, die zeigen, dass gefährdete Schülerinnen und Schüler nur eine geringe Bereitschaft zeigen, sich helfen zu lassen, selbst nachdem sie ein Präventionsprogramm durchlaufen haben (Klimes-Dougan, Klingbeil & Meller 2013).

Ähnlich wie Celotta, Jacobs, Keys & Cannon, die schon im Jahr 1988 das Stresserleben und die Bewältigungsfähigkeiten in den Mittelpunkt ihres Lifeline-Programms gestellt hatten, griffen auch Mann, Apter, Bertolote, Beautrais et al. im Jahr 2005 diese Themen auf und gaben als Ziel einer guten Prävention die Stärkung der Bewältigungsfähigkeiten von Schülerinnen und Schülern an. Ausgehend von stressenden Lebensereignissen und damit zusammenhängenden Stimmungsstörungen, die gemeinsam zur Suizidalität führen, möchten die Autoren mithilfe psychoedukativer Programme vor allem die Impulsivität und Hoffnungslosigkeit von suizidalen Schülerinnen und Schülern reduzieren, aber auch den Zugang zu Waffen begrenzen und insgesamt Nachahmungstaten verhindern (▶ **Abb. 4**).

3 Einteilung in Programmkategorien und ihre kritische Wertung

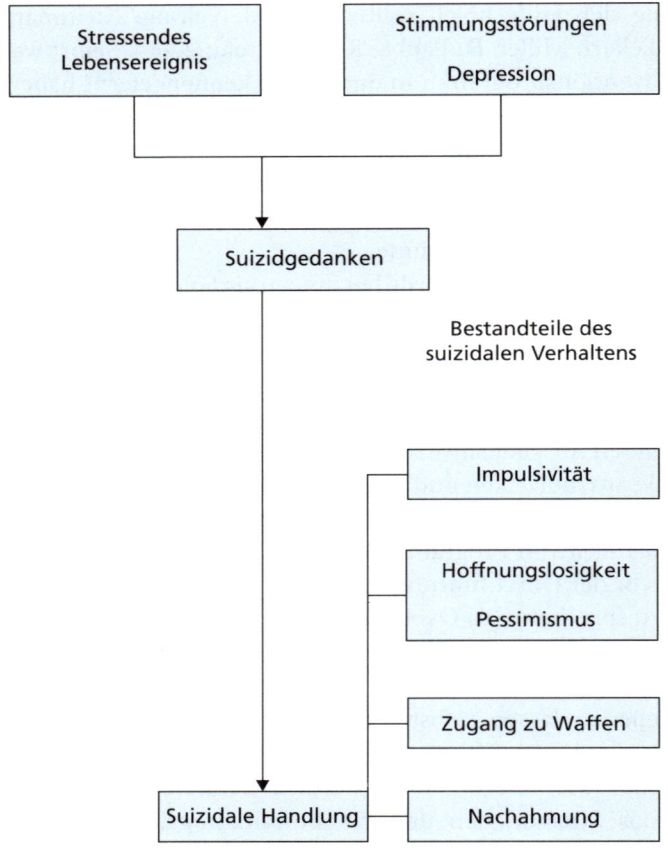

Abb. 4: Ansatzpunkte für Prävention (nach Mann, Apter, Bertolote, Beautrais et al. 2005, S. 2065)

Ähnlich argumentieren Roscoät & Beck (2013). Auch sie halten eine größere Waffenkontrolle in den USA für sehr notwendig. Ferner treten sie für eine längere Nachbetreuung von Jugendlichen, die einen Suizidversuch verübt haben, nach Verlassen des Krankenhauses ein.

Auch wenn bislang keine schädigenden suizidauslösenden Wirkungen von psychoedukativen Programmen auf Schülerinnen und

Schüler nachgewiesen werden konnten, so bleibt doch die Befürchtung bestehen, dass dies bei unsachgemäßer Durchführung von psychoedukativen Programmen geschehen könnte.

3.2 Screeningverfahren

Mit Screeningverfahren soll das Suizidrisiko von Schülerinnen und Schülern abgeschätzt werden. Sie bestehen aus Tests und/oder Fragebögen, die zu einem bestimmten Zeitpunkt bestehende oder auch in der Vergangenheit bestandene Suizidrisikofaktoren erfassen. Ziel ist, suizidgefährdete Schülerinnen und Schüler zu ›identifizieren‹, um sie dann zu motivieren, professionelle Hilfe anzunehmen.

Der Einsatz von Tests und Fragebögen zur Früherkennung gefährdeter Schülerinnen und Schüler in einer zunächst unauffälligen Schülerpopulation ist unter Forschern umstritten. Werden sie bei der gesamten Schülerschaft angewendet, kann es zu etlichen falschpositiven Ergebnissen kommen (Goldney 2002; Hallfors, Brodish, Khatapoush et al. 2006). In einigen Schulen hat die hohe Anzahl falsch-positiv erkannter Schülerinnen und Schüler zu Widerstand in der Schüler- und Elternschaft geführt (Horowitz, Ballard & Pao 2009).

Da sich Screenings jedoch als effektiv erwiesen haben und mit ihrer Hilfe tatsächlich suizidgefährdete Schülerinnen und Schüler herausgefiltert werden konnten, müssten die ›Falsch-Positiven‹ als ein Problem betrachtet werden, das sich in der Anwendung von Screening-Programmen kaum vermeiden lasse – so die Autoren Horowitz, Ballard & Pao (2009). Sie diskutieren die Frage, was schlimmer sei: Jugendliche fälschlicherweise als suizidgefährdet einzustufen oder suizidgefährdete Schüler zu übersehen. Sie neigen zum Letzteren, erwähnen aber auch die Kosten für das Gesundheitssystem, wenn zu viele Schülerinnen und Schüler fälschlicherweise als gefährdet eingestuft werden. Die Autoren plädieren daher dafür, Screening-Verfahren in Schulen nur gezielt bei Schülerinnen und Schülern einzusetzen, die schon Anzeichen einer Depression zeigen (a. a. O.).

Ein weiterer kritischer Einwand ist, dass eine individuelle Gefährdung zum Zeitpunkt der Testdurchführung zwar nicht besteht, sich zu einem anderen Zeitpunkt aber sehr wohl entwickeln könnte. Das heißt, dass Screening-Verfahren mehrmals durchgeführt werden müssten, um Gefährdungen, die sich durch Änderung der psychosozialen Situation durchaus ergeben könnten, auch wirklich zu erfassen. Eine einmalige Testdurchführung reiche daher nicht aus, da sich bei Jugendlichen depressive Störungen in unterschiedlichen Altersstufen und Jahrgangsklassen entwickeln könnten. Daher wären mehrere Testungen sinnvoll und notwendig, womit Schulen jedoch zeitlich und ökonomisch überfordert sind.

Darüber hinaus bestünde die Gefahr, dass es nicht genügend Anlaufstellen für Hilfe und Unterstützung in allen Kommunen gäbe und die als gefährdet eingestuften Jugendlichen somit nicht die nötige Hilfe bekommen könnten, die sie benötigen (Horowitz, Ballard & Pao 2009).

Die oft geäußerte Befürchtung, dass bei Schülerinnen und Schülern erst durch Screening-Verfahren Suizidgedanken entstehen könnten, hat sich allerdings als nicht haltbar erwiesen (Mann, Apter, Bertolote et al. 2005). Robinson, Yuen, Martin et al. (2012) haben an einer reinen Jungenschule gute Erfahrungen mit Screening-Programmen gemacht und konnten Bedenken widerlegen, dass sich Schüler durch Screening-Verfahren stigmatisiert fühlen könnten. Es handelte sich um eine Schule, in der die Lehrerschaft psychologisch geschult war und die Elternschaft der Maßnahme sehr positiv gegenüberstand. Die Autoren räumen aber auch ein, dass diese positiven Erfahrungen nicht unbedingt auch für Mädchen gelten würden.

Viele Schulleiter stehen Screening-Verfahren jedoch nach wie vor skeptisch gegenüber und präferieren Fortbildungsaktivitäten für ihre Lehrerschaft, um deren Sensibilität und Aufmerksamkeit gegenüber depressiven Schülerinnen und Schülern zu erhöhen (Gould, Greenberg, Drew et al. 2003, S. 395).

3.3 Gatekeeper-Programme

Gatekeeper-Programme wenden sich in erster Linie an Erwachsene, die mit Schülerinnen und Schülern umgehen: Schulleitung, Lehrkräfte, Beratungslehrer, Sozialpädagogen, Psychologen, Eltern, Schul- und Kantinenpersonal, Busfahrer etc. Gatekeeper stellen zum einen das ›Einfallstor‹ dar, um Jugendliche zu erreichen, und zum anderen das ›Auffangnetz‹, um gefährdete Jugendliche zu motivieren, externe Hilfe in Anspruch zu nehmen. Trotz der Erkenntnisse, dass Jugendliche aufgrund ihres Unabhängigkeits- und Selbstständigkeitsstrebens nur selten Erwachsene um Hilfe bitten, ist es Ziel der Gatekeeper-Programme, Schulpersonal – und darunter vorrangig Lehrkräfte und Sozialpädagogen – darin zu schulen, von sich aus auf Jugendliche zuzugehen und sie anzusprechen, wenn sie den Eindruck haben, dass diese in psychischer Not sind.

Gatekeeper-Programme, die sich überwiegend an die Lehrer- oder auch an die Elternschaft wenden, um diese mit Fakten und Hintergründen des Suizidgeschehens vertraut zu machen, werden in der angloamerikanischen Literatur insgesamt sehr positiv betrachtet. Sie enthalten z. B. das bekannte ›QPR-Training‹. Es besteht aus den Elementen ›*Q*uestion, *P*ersuade and *R*efer‹, d. h. Lehrkräfte und Eltern – die zukünftigen Gatekeeper – werden geschult, auf Warnsignale zu achten, gefährdete Schüler zu erkennen, sie auf ihre Probleme anzusprechen, Kontakt zu halten und sie, wenn nötig, davon zu überzeugen, sich Hilfe zu holen. Die Phasen ›P‹ (Persuade) und ›R‹ (Refer) sind die schwierigsten. Sie erfordern gute Gesprächstechniken und die Fähigkeit, ein Vertrauensverhältnis zu den betreffenden Jugendlichen aufzubauen. Gatekeeper sollten auch ausreichende Kenntnisse der örtlichen Hilfsmöglichkeiten (Kommune, Kreis, Land) besitzen und Jugendliche motivieren, Hilfen in Anspruch zu nehmen.

Gibbons (2008) berichtet von Vorfällen, in denen Schulleitern eine fast schon kriminelle Vernachlässigung vorgeworfen wurde, ihre Lehrerschaft nicht genügend über Suizid fortgebildet zu haben.

Sie appelliert daher an Schulleiter, ihrer ›gesetzlichen Pflicht‹ nachzukommen und dafür zu sorgen, dass das gesamte Kollegium durch Teilnahme an dem Programm darin trainiert wird, Warnsignale bei Schülerinnen und Schülern zu erkennen.

Gatekeeper-Programme haben sich als sehr wirksam erwiesen, Kenntnisse über Suizid bei Lehrkräften zu erweitern sowie ihren Umgang mit suizidgefährdeten Schülerinnen und Schülern deutlich zu verbessern. Schulberater oder auch Beratungslehrer profitieren in besonderer Weise von diesen Programmen (Reis & Cornell 2008).

Aber es ist notwendig, nicht nur Lehrkräfte, sondern auch alle in der ärztlichen Grundversorgung Tätigen zu schulen. Mann, Apter, Bertolote et al. (2005) und van de Feltz-Cornelis, Sarchiapone, Postuvan et al. (2011) sind überzeugt davon, dass es am wirksamsten sei, Allgemein- und Hausärzte besser in Diagnose und Therapie von depressiven und suizidalen Menschen zu schulen. Auch Taliaferro & Borowsky (2011) beklagen die mangelnde ärztliche Ausbildung und vielfache Unkenntnis von Ärzten in Fragen der Gefährdungserkennung: 62 Prozent der Personen, die 32 Jahre alt und jünger waren, haben ein Jahr vor ihrem Suizid ihren Hausarzt kontaktiert, und 23 Prozent haben ihn einen Monat vorher aufgesucht (a.a.O., S. 343). Kanadische Forschungsergebnisse besagen, dass 90 Prozent derjenigen Jugendlichen, die einen Suizidversuch unternehmen, an einer psychischen oder psychiatrischen Störung leiden. Bei denjenigen, die durch Suizid verstarben, waren diese Störungen jedoch weder von Hausärzten noch von Jugendpsychiatern erkannt worden (Chagnon, Houle, Marcoux et al. 2007, S. 135). Die Autoren plädieren daher für eine intensive Fortbildung dieser Professionen zu Themen wie Suizid und Erkennen der Suizidgefahr.

Nach Kalafat (2003, S. 1216) genügt es, Gatekeeper an einem Nachmittag zu schulen und eine Auffrischung alle zwei Jahre vorzunehmen. Dieser Aussage wurde widersprochen. Nach Isaac, Elias, Katz et al. (2009) sollte ein Training nicht nur aus ein bis zwei Stunden bestehen, sondern sich über mehrere Tage oder gar Wochen erstrecken (▶ **Tab. 6**).

Tab. 6: Schlüsselkomponenten eines Gatekeeper-Trainings (nach Isaac, Elias, Katz et al. 2009, S. 262)

Vorbereitung einleiten	Hinführung zu der besonderen Art der Lernerfahrungen
Bewusstsein schärfen	Reflexion über die eigene Einstellung zum Suizid
Kenntnisse vermitteln	Übersicht über alle notwendigen Fähigkeiten eines Gatekeepers
Beistand leisten	Darstellung einer effektiven Begleitung von Schülern in psychischer Not
Netzwerk unterstützen	Vernetzung mit allen Hilfe- und Unterstützungseinrichtungen

Weitere kritische Stimmen weisen darauf hin, dass Gatekeeper-Programme oft mit anderen Konzepten gemeinsam durchgeführt würden und dass es deshalb schwierig sei, positive Effekte allein auf Gatekeeper-Programme zurückzuführen (van de Feltz-Cornelis, Sarchiapone, Postuvan et al. 2011). Außerdem sei es bisher nicht gelungen, positive Einflüsse speziell auf Suizidgedanken, Suizidversuche und Suizide valide zu erfassen.

Das ist ein Dilemma, das wiederum mit ethischen Problemen der statistischen Erfassung zusammenhängt (Goldney 2002). Ob Gatekeeper-Programme auch einen positiven Einfluss auf Suizidgedanken, Suizidversuche und/oder vollendete Suizide der Schülerinnen und Schüler ausüben, bleibt offen (Isaac, Elias, Katz et al. 2009). Selbst wenn Gatekeeper fähig wären, suizidgefährdete Schülerinnen und Schüler zu identifizieren, sei noch nicht bewiesen, dass sie diese dann auch motivieren könnten, Hilfe in Anspruch zu nehmen. Trotz dieser und anderer Mängel haben sich Gatekeeper-Programme als sehr sinnvoll erwiesen, auch wenn deren Effektivität noch nicht mit Zahlen belegt werden kann (a. a. O.).

3.4 Postventive Interventionen

Postventive Interventionen setzen nach einem erfolgten Schülersuizid ein und begleiten die gesamte Trauerarbeit. Eine gute Postvention ist die beste Prävention, denn sie ist auch geeignet, Posttraumatische Belastungsstörungen (PTBS) und die gefürchteten Nachahmungstaten zu verhindern.

Postventive Interventionen unterstützen Schulen in Krisen, verbessern ihre Interventions- und Selbsthilfestrategien und vervollkommnen ihre Notfallplanung. Einer der Schwerpunkte besteht darin, Leitlinien für den Ernstfall zu entwickeln und Schulleitung sowie Kollegium im Umgang mit Schülerinnen und Schülern nach dem Suizid eines Klassenkameraden zu unterstützen.

Die Anweisungen dazu sind sehr ausführlich und beschreiben die Vorgehensweisen im Stundentakt: die ersten 24 Stunden, die nächsten 48 bis 72 Stunden, die ersten Monate und weiter danach (Government of South Australia 2010; Headspace School Support Postvention Toolkit 2012):

- In den ersten 24 Stunden ist die Information aller Beteiligten, Schulleitung, Schulkollegium, Schüler- und Elternschaft, über den Schülersuizid vorrangig. Das Krisenteam wird sofort einberufen, das alle weiteren Maßnahmen koordiniert. Vorbereitete Merkzettel und Handouts werden verteilt und/oder verschickt. Wichtig dabei ist, dass die Schüler in kleinen Gruppen informiert werden, am besten klassenweise. Engste Freunde und Geschwisterkinder sind im Blick zu behalten. Sie müssen bei Bedarf zusätzlich individuell angesprochen werden. Ein Mitglied des Kriseninterventionsteams ist für die Presseberichterstattung verantwortlich und bereitet ein Statement vor, das mit Schulleitung und Eltern abgesprochen wird und kurze, aber exakte Informationen enthält.
- Die nächsten 48 bis 72 Stunden werden dazu genutzt, den Kontakt mit den trauernden Eltern aufrechtzuhalten, deren Wünsche für die Beerdigung zu berücksichtigen und die Beteiligung

der Schülerschaft an der Feier zu ermöglichen. In Zusammenarbeit mit internen oder auch externen psychosozialen Helfern werden Schülerinnen und Schülern und auch Mitgliedern des Schulkollegiums, die von Trauerreaktionen überwältigt werden, Hilfen angeboten. Ein Schulraum wird als sog. Trauerraum freigemacht, in den sich Trauernde zurückziehen können. Die Vorgehensweise einer Schule nach dem Suizid eines Schülers sollte sich nicht grundsätzlich vom Verhalten nach Tod durch Krankheit oder Unfall unterscheiden, jedoch muss alles getan werden, um jegliche Glorifizierung oder Romantisierung des Suizids zu vermeiden. Damit ist auch gemeint, den leeren Platz des Schülers nicht zu lange mit Blumen zu schmücken (American Foundation for Suicide Prevention (AFSP) und Suicide Prevention Resource Center (SPRC) 2011). Die Tendenz sollte sein, möglichst bald den regulären Schulbetrieb wieder aufzunehmen.

- Im ersten Monat nach dem Suizid können die Trauerreaktionen bei Schülern und Lehrkräften noch sehr heftig sein, darauf muss Rücksicht genommen werden. Es sollte genauestens auf Gefährdungsanzeichen von Schülern oder auch Lehrkräften geachtet werden. Erste Rückschauen des gesamten Kollegiums auf die Art des Umgangs mit dem Todesfall können schon in dieser Zeit erfolgen.
- Nach einem Jahr oder länger stellt sich die Frage, ob und wie des Jahrestages oder auch des Geburtstages des Verstorbenen gedacht werden sollte. Dies sollte sensibel mit den Klassenkameraden besprochen werden. Ein Zuviel des Erinnerns und Gedenkens kann latente starke Gefühle wiederaufkommen lassen.

Wenn Eltern nicht wünschen, dass Lehrkräfte ihre Schülerinnen und Schüler der Klasse oder der Schule über die Todesursache ›Suizid‹ ihres Kindes informieren, dann sollte laut Empfehlung der American Foundation (Postventionsprogramm ›After a Suicide. A Toolkit for Schools‹ 2011) ein Vertrauenslehrer die Eltern aufsuchen und ihnen mitteilen, dass bereits Gerüchte im Umlauf wären, dass Schülerinnen und Schüler schon von ›Suizid‹ sprächen und dass es im

Sinne der psychischen Gesundheit der Schülerschaft wäre, wenn die Schule das Thema aufgreifen würde. Falls die Eltern sich weiterhin damit nicht einverstanden erklären, kann Schule dies den Schülerinnen und Schülern weitergeben mit den Worten: »Die Familie von ... möchte nicht, dass wir über die Todesursache von ... sprechen.« »Da aber das Gerücht ›Suizid‹ schon im Raum steht, können wir über dieses Thema im Allgemeinen sprechen« (a. a. O.).

Zusammenfassend lässt sich sagen, dass es neben der großen Anzahl vorhandener angloamerikanischer Suizidpräventionsprogramme eine erstaunliche Vielfalt kritischer Stimmen gibt. Alle Programmkategorien weisen Defizite, Schwächen und Gefahren auf. Dennoch sind sie beliebt und werden in angloamerikanischen Ländern häufig eingesetzt. In Deutschland ist man sehr viel vorsichtiger, und nicht ohne Grund gibt es bei uns und in deutschsprachigen Ländern kaum Suizidpräventionsprogramme. Es fehlen nicht nur die Programme, sondern auch – anders als in den USA – die jahrelange Beschäftigung mit dem Thema und das Bemühen, es trotz aller Widrigkeiten in die Schulen zu bringen, um dort Lehrer, Schüler und Eltern für die Problematik zu sensibilisieren.

III

Deutschsprachige Maßnahmen zur Suizidprävention in Schulen

Die übereinstimmende Meinung deutschsprachiger Autoren, die sich mit Suizid von Jugendlichen, Notfallpsychologie und schulischen Krisen befassen, ist, dass es an Schulen Notfallpläne, Richtlinien, Fortbildungsmaßnahmen für Lehrkräfte, Unterrichtseinheiten zum Thema ›Suizid‹ und längerfristige Projekte zur Suizidprävention geben müsse (Berger, Granzer, Waack & Looss 2010; Bründel 1993, 1994a; b; 2004; Chehil & Kutcher 2013; 2012; Englbrecht & Storath 2005; Kamm, Jehli & Wiesner, 2000; Karutz & Lasogga, 2008; Karutz 2010; Kaess 2012; Koll, Rudolph & Thimme 2011; Kreis, Marti & Schreyer 2002; Müller & Scheuermann 2004; Brunner, Kaess, Parzer et al. 2007; Plöderl, Fartacek & Fartacek 2010). Diese Maßnahmen vermitteln – mit jeweils unterschiedlichen Schwerpunkten – Informationen über die Komplexität des Suizidgeschehens sowie einen geregelten Ablauf und eine Struktur der Interventionen in Krisensituationen. Sie sorgen bei Schülern und Lehrern für eine Sensibilisierung in Bezug auf das Thema ›Suizid‹ und erweitern deren Kenntnisse über Suizidgefährdung sowie über geeignete Anlaufstellen innerhalb der Kommune.

1

Notfallpläne

Notfallpläne sind eine Handreichung speziell für Schulen und Schulleitungen, um sich auf Krisen und Notfälle vorzubereiten sowie in Krisen und Notfällen einsatzbereit zu sein und schnell und professionell handeln zu können. Notfallpläne stellen Handlungsempfehlungen für den Umgang mit schwerwiegenden Krisen dar und sind aus der leidvollen Erfahrung entstanden, dass in Notfallsituationen oftmals Chaos, überstürztes Handeln, Handlungsunsicherheit oder gar Handlungslähmung herrschen. Es bleibt in der Krisensituation keine Zeit für grundsätzliche Überlegungen, sondern es muss schnell, gezielt und professionell gehandelt werden. In kürzester Zeit müssen lebensrettende Entscheidungen mit sehr unterschiedlichen Auswirkungen getroffen werden.

Aus diesem Grund enthalten Notfallpläne klare, übersichtliche und gut umsetzbare Hinweise, auf die im Ernstfall pragmatisch zurückgegriffen werden kann. Sie beinhalten darüber hinaus Muster von Checklisten, Telefon- und Erreichbarkeitslisten sowie Muster-Informationsbriefe an Eltern für bestimmte Anlässe, wie z. B. Schülersuizid. Alle Notfallpläne verweisen auf das schulinterne Krisenteam, das die Koordination der Vorgehensweisen übernimmt und die Funktionen bestimmter Krisenteammitglieder festlegt.

Im ›Handbuch für den Umgang mit Tod und Trauer in der Schule‹ wird sehr ausführlich auf Krisenplanung, Intervention und Postvention bei Suizid und Suizidgefährdung von Schülern eingegangen (Evangelische Kirche und katholisches Schulkommissariat in Bayern 2006, Kap. 6.2, S. 4 ff.). Es wird betont, dass Suizidhandlungen meist außerhalb der Schule stattfinden – im familiären oder im Freizeitbereich – und dass daher die Schule häufig erst verzögert vom Ereignis erfährt. Wenn jedoch die Zuständigkeiten innerhalb der Schule geregelt sind, kann die Schule auch dann noch wirkungsvoll agieren. Jede Postvention nach einem Schülersuizid hat das Ziel, die psychische Belastung von Lehrkräften und Schülern zu senken und die Betroffenen in ihrer Trauer zu unterstützen. Darüber hinaus hat sie das Ziel, andere, bislang nicht erkannte, suizidgefährdete Schüler aufzuspüren, um ihnen professionelle Hilfe zuteil werden zu lassen. So gesehen kann eine gut gelungene Postvention in eine gelingende Prävention übergehen.

Dem Erkennen suizidgefährdeter Schülerinnen und Schüler wird in Notfallplänen große Bedeutung beigemessen. Das Krisenteam sollte sich die Namen aller Schülerinnen und Schüler mit biographischer ›Vorbelastung‹ geben lassen. Darunter versteht man Jugendliche, die schon einen Suizidversuch begangen bzw. von denen man weiß, dass sie des Öfteren Suizidgedanken geäußert, oder auch Jugendliche, die einen Suizid in ihrer Verwandtschaft oder Bekanntschaft erlebt haben. Diesen Jugendlichen müssen besondere Beachtung geschenkt und Einzelgespräche angeboten werden. Auch deren Eltern sollten mit einbezogen werden.

Das ›Handbuch für den Umgang mit Tod und Trauer in der Schule‹ (a. a. O. 2006) oder auch das ›Handbuch für Lehrkräfte und Schulleitungen zum Umgang mit schweren Krisen im Kontext Schule‹ (KrisenKompass 2010) gehen gezielt darauf ein, wie mit dem Suizidtod eines Schülers oder einer Schülerin umgegangen werden sollte. Dabei werden Fragen der Gestaltung der Todesanzeige und der Teilnahme an der Beerdigung konkret beantwortet.

Ein weiterer wichtiger Punkt sind Elternabende, an denen die emotionale Belastung von Eltern durch dafür qualifizierte Personen wie Schulpsychologen, Seelsorger etc. aufgefangen werden kann. Elternabende können ebenfalls dazu genutzt werden, um auf eventuelle ungewöhnliche Trauerreaktionen der Kinder oder auch auf Alarmsignale aufmerksam zu machen, die auf Suizidgefährdung hinweisen.

In der ›Handreichung für den Umgang mit Krisensituationen an Schulen‹ (Ministerium für Bildung, Wissenschaft, Jugend und Kultur, Rheinland-Pfalz 2007) wird sehr ausführlich darauf eingegangen, wie sich Lehrkräfte verhalten sollten, wenn sie erkennen, dass ein Schüler oder eine Schülerin suizidgefährdet ist (a. a. O., S. 17 ff.):

- Wenn Sie bei einem Schüler/einer Schülerin Suizidabsichten vermuten, sprechen Sie ihn/sie klar und offen darauf an.
- Fragen Sie direkt danach, ob er/sie daran gedacht hat, sich das Leben zu nehmen.
- Äußern Sie Ihre Besorgnis, z. B.: »Ich mache mir Gedanken über Dich.«
- Hören Sie aktiv zu, d. h. stellen Sie offene Fragen und formulieren das Verstandene mit Ihren eigenen Worten.
- Machen Sie Hilfsangebote, aber vermeiden Sie schnelle Lösungen.
- Diskutieren Sie nicht über den Sinn oder die Richtigkeit von Suizid.
- Stehen Sie als Ansprechpartner/in zur Verfügung, aber drängen Sie sich nicht auf.
- Holen Sie für sich bei Fachleuten Unterstützung und Hilfe.
- Geben Sie keine Versprechungen über Geheimhaltung ab.
- Schalten Sie professionelle Hilfe ein, wenn Sie glauben, dass er/sie es tun wird.

2

Richtlinien für das Verhalten nach einem Suizid

In diversen Richtlinien wird vor allem das Verhalten nach einem Suizid sehr praxisnah geschildert (Michel, Vorster & Probst o. J.; Neuhland o. J.). Dazu gehören die Informationen, die nach innen (Lehrer, Schüler) und nach außen (Eltern, Presse) gegeben werden. Die Verantwortlichkeiten müssen festgelegt sein und die Prioritäten abgewogen werden. Die gemeinsame Trauerarbeit und das Gespräch in der Klasse nach einem Suizid werden übereinstimmend für sehr wichtig gehalten, wobei keine Auseinandersetzungen über Schuld und Schuldige und auch keine Diskussionen über verschiedene Suizidmethoden geführt werden sollten. Die schwierige Aufgabe von Lehrkräften besteht darin, auf weitere möglicherweise gefährdete

Schülerinnen und Schüler zu achten und diese anzusprechen. Daher ist es von entscheidender Bedeutung, dass sie die Warnsignale kennen, die Jugendliche in psychischer Not häufig aussenden und auch über die maßgeblichen Hilfeeinrichtungen ihrer Region gut informiert sind. Grundregeln für den Umgang mit suizidalen Jugendlichen sind (Frank 2005):

- offenes Ansprechen ihrer Suizidgedanken und -handlungen
- Akzeptieren ihrer Gedanken und Gefühle
- Aktivieren ihrer Ressourcen
- Besprechen konkreter Hilfen und Therapiemöglichkeiten

Es hat sich gezeigt, dass Jugendliche den Kontakt zu Hilfeeinrichtungen und Psychiatern schon nach kurzer Zeit wieder abbrechen. Umso notwendiger ist die langfristige Begleitung der Jugendlichen durch Lehrkräfte in der Schule, die u. a. durch Aufmerksamkeit und Achtsamkeit sowie durch behutsames Nachfragen geleistet werden kann (a. a. O.).

3

Fortbildungsveranstaltungen

Lehrerfortbildungen zum Thema ›Suizid‹ werden in Deutschland dadurch erschwert, dass es an unseren Schulen keine Verpflichtung von Lehrkräften gibt, sich mit dem Thema ›Suizid‹ zu befassen. Es ist der Initiative von Schulleitern, Beratungslehrkräften, Sozialpädagogen und Schulpsychologen überlassen, solche Fortbildungen anzuregen. Allerdings ist es dann immer noch die Entscheidung des Einzelnen, daran teilzunehmen.

Im Folgenden wird eine ganztägige Fortbildung geschildert, wie die Autorin sie schon mehrmals vor Schulpsychologen, Beratungslehrern, Sozialpädagogen und Schulleitern durchgeführt hat. Sie erhebt keinen Anspruch auf Vollständigkeit. Einige Inhalte entsprachen dem besonderen Wunsch vieler Lehrkräfte, wie z. B. ›Selbstverletzung bei Schülerinnen und Schülern‹, da dieses Thema in manchen Schulen besonders aktuell war. Auch wenn selbstverletzendes Verhalten nicht mit suizidalem Verhalten deckungsgleich ist, so gibt es doch fließende Grenzen zwischen beiden.

Die Fortbildung (PowerPoint-Präsentation) für Lehrkräfte verschiedener Schulen und Schulformen fand in einem bunten Wechsel von Reflexion, theoretischen Inputs, Diskussion, Einzel-, Partner- und Gruppenarbeit, Musik- und Filmsequenzen sowie Beispielen aus Literatur und dem realen Leben statt. Es wurde auf selbstschädigendes Verhalten, Suizid und Suizidalität, Depressivität, Erklärungsansätze, Risikofaktoren, Alarmzeichen, auf hilfreiches Verhalten bei Verdacht auf Suizidalität, auf unterstützendes Verhalten nach einem Suizid sowie auf präventive Maßnahmen eingegangen. Die Teilnehmer wurden motiviert, ein Netzwerk zu psychologischen und ärztlichen Beratungsstellen und ärztlichen Praxen ihrer Kommunen zu knüpfen, deren Namen und Adressen sie dann an suizidgefährdete Schülerinnen und Schüler oder deren Eltern weitergeben könnten.

Der zeitliche Umfang war von 8 bis 18 Uhr. Die Zeiten für Pausen verstehen sich von selbst, sie werden hier nicht extra angegeben.[1]

Durchführung und Inhalt der Fortbildungsveranstaltung	KV
Begrüßung und allgemeine Hinweise zu Tagesablauf, Inhalt, Literatur.	1–3
Zur Einstimmung: Gedicht aus E. Ringel (1986) ›Das Leben wegwerfen‹, S. 48.	4

1 Alle Folien können Sie als Kopiervorlagen (KV) unter folgendem Link kostenfrei herunterladen: http://downloads.kohlhammer.de/?isbn=978-3-17-¬025886-0; Passwort: lfu3zme

Wichtiger urheberrechtlicher Hinweis: Alle zusätzlichen Materialien, die im Download-Bereich zur Verfügung gestellt werden, sind urheberrechtlieh geschützt. Ihre Verwendung ist nur zum persönlichen und nichtgewerblichen Gebrauch erlaubt. Jede Verwendung außerhalb der engen Grenzen des Urheberrechts ist ohne Zustimmung des Verlags unzulässig und strafbar. Das gilt insbesondere für Vervielfältigungen, Übersetzungen, Mikroverfilmungen und für die Einspeicherung und Verarbeitung in elektronischen Systemen.

3 Fortbildungsveranstaltungen

Durchführung und Inhalt der Fortbildungsveranstaltung	KV
Die unterschiedlichen Begrifflichkeiten von ›Selbstmord‹ bis ›Freitod‹ und die damit verbundenen Werturteile werden diskutiert. Selbstmord als ›psychosemantischer Irrtum‹ (Farberow & Shneidman 1961); Freitod (Jean Améry 1976).	5
Einzelarbeit: Die Teilnehmer erhalten ein Arbeitsblatt und werden aufgefordert, zu bekannten Mythen und Vorurteilen mit ›richtig‹ oder ›falsch‹ Stellung zu beziehen. Die Ergebnisse werden besprochen.	6, 7
Musik der Band PUR aus ›Seiltänzertraum‹: ›Noch ein Leben‹. Eine erste Diskussion über das Thema wird damit angeregt.	8
Die Teilnehmer werden gebeten, die beiden Sätze ›sich das *Leben* nehmen‹ und ›sich das Leben *nehmen*‹ mit unterschiedlicher Betonung auszusprechen. Durch die nachfolgende Diskussion wird deutlich, dass suizidale Jugendliche nicht wirklich sterben, sondern nur anders und ohne die empfundenen Belastungen leben wollen.	9
Die letzte Zeile des Gedichts ›Memento‹ von Mascha Kaléko macht auf das Leid der Überlebenden aufmerksam. Bei einem Schülersuizid sind meistens 30 bis 50 Personen und mehr betroffen.	10
Die gesundheitliche Situation von Kindern und Jugendlichen, insbesondere die Zunahme psychischer Störungen, wird besprochen.	11
Depressionen im Kindes- und Jugendalter. *Gruppenarbeit:* Die Teilnehmer überlegen, welche Anforderungen die Gesellschaft an Jugendliche stellt, notieren und diskutieren diese – Rückmeldung.	12
Anforderungen an Jugendliche, Spannungsverhältnis, in dem sich Jugendliche befinden.	13, 14
Depressionen, Ursache und Entstehung.	15–17
Ein Gedicht (zit. nach Flammer & Alsaker 2002, S. 165) wird vorgelesen, aus dem die Suche nach Identität hervorgeht.	18
Suizidalität und Anzahl der Suizide.	19, 20
Kinder und Tod, Todesbegriff.	21, 22
Funktionalität des suizidalen Verhaltens.	23

Durchführung und Inhalt der Fortbildungsveranstaltung	KV
Selbstverletzendes Verhalten. Die unterschiedlichen Motivationen, die mit selbstschädigendem Verhalten verbunden sind, und die Gefühlslage von Jugendlichen, die sich selbst ritzen oder schneiden, werden herausgearbeitet. Die Risikofaktoren für selbstschädigendes Verhalten werden besprochen.	24–28
Als Reaktion auf das Erkennen von selbstverletzenden Verhaltensweisen wird eine ›respektvolle Neugier‹ empfohlen, d.h. es sollten weder Vorwürfe noch Moralisierung erfolgen. Selbstverletzendes Verhalten ist auch nicht unbedingt mit suizidalem Verhalten gleichzusetzen, sondern kann einer Art Jugendkult entsprechen oder einer Form von Gruppendruck geschuldet sein. Es folgt ein zehnminütiger Film, der über eine junge Frau (Sarah) berichtet, die nach einem Freundschaftsabbruch begonnen hat, sich selbst zu verletzen und zu ritzen (Medienprojekt Wuppertal e.V.). Er regt die Teilnehmer zur Diskussion an, über eigene Erlebnisse mit sich selbst verletzenden Schülerinnen oder Schülern in der Schule zu berichten. Diesem Gespräch wird viel Raum gegeben.	29
Was hält Jugendliche davon ab, sich Hilfe zu suchen? Ein weiterer, ca. fünfzehnminütiger Film über ›Michelle‹ (Medienprojekt Wuppertal e.V.) unterstreicht die Auslöser für selbstverletzendes Verhalten und die Schwierigkeit, sich davon zu lösen. Suizidales Verhalten ist komplex und ambivalent. Ein Beispiel aus der Literatur (Adam Soboszynski: Kleist. Vom Glück des Untergangs, 2011, S. 9, 18) wird vorgelesen, das deutlich zeigt, in welcher glückstrunkenen Stimmung Menschen kurz vor ihrem Suizid sein können.	30
Stadien der suizidalen Entwicklung und Präsuizidales Syndrom.	31, 32
Partnerarbeit: ›Leos Leben‹ (Kamm, Jehli & Wiesner 2000, S. 42 f.). Die Teilnehmer erhalten ein Blatt, auf dem Leos Lebensgeschichte bis zu seinem Suizid aufgeschrieben ist. Sie sollen alle lebensgeschichtlichen Belastungen unterstreichen und diese miteinander diskutieren.	33
Warnsignale kennenlernen.	34
Vorgehen bei Suizidgefährdung, Lehrer-Schüler-Gespräch, Leitfaden des Gesprächs.	35–39
Was Lehrkräfte in der Krise tun können und mögliche Fehler.	40–42

3 Fortbildungsveranstaltungen

Durchführung und Inhalt der Fortbildungsveranstaltung	KV
Gruppenarbeit: Eine Schule im Schock! Krisenmanagement – wer muss informiert werden? Aufgaben des Krisenteams, Aspekte der schulischen Trauerarbeit. *Partnerarbeit:* Die Teilnehmer schreiben Namen und Adressen der Beratungsstellen und fachärztlichen Praxen ihrer Kommune auf, mit denen sie schon Erfahrungen gemacht haben, und tauschen diese untereinander aus.	43–47
Angloamerikanische Suizidpräventionsprogramme, kritische Einwände. Was können Lehrkräfte präventiv tun? Die Lehrkräfte werden mit Nachdruck vor einem unbedachten Einsatz von Suizidpräventionsprogrammen im Unterricht gewarnt. Lebenskompetenzprogramme sind dagegen gut in Klassen durchführbar wie ›Fit for Life‹ (2002), ›MindMatters‹ (2004/2011).	48, 49
Kernbestandteile schulischer Maßnahmen.	50
Zum Abschluss verdeutlicht der Begriff ›Kohärenzgefühl‹ das Ziel, nämlich Schülerinnen und Schüler zu resilienten Persönlichkeiten zu erziehen, die ihrem Leben einen Sinn geben können und Ziele haben, für die es sich lohnt zu leben.	51

4

Unterrichtseinheiten

Im deutschsprachigen Raum gibt es bislang keine Suizidpräventionsprogramme, die im Vergleich zu angloamerikanischen Programmen diesen Namen wirklich verdienen. Es handelt sich eher um Unterrichtseinheiten, von denen die eine aus Deutschland und die beiden anderen aus der Schweiz und Österreich stammen.

Unterrichtseinheit (Bründel 1994a)

Die Autorin dieses Buches war in den 1990er Jahren – unter dem Eindruck der vielen angloamerikanischen Suizidprogramme stehend – von der Idee angetan, deutsche Schulen mit dem Thema ›Suizidprävention‹ bekannt zu machen. Sie entwickelte daher in

Anlehnung an das Interventionsprogramm von Smith (1989) eine erste deutsche ›Unterrichtseinheit zur Krisenintervention und Prävention für Schülerinnen und Schüler der Sekundarstufe I und II‹ (Bründel 1994a).

Thema 1: Einstellung zum Suizid: ›Lasst uns darüber nachdenken!‹	
Lernziel:	Die Schüler sollen sich ihrer eigenen Einstellung zum Suizid bewusst werden.
Thema 2: Suizidinformationen: Vorurteile und Tatsachen	
Lernziel:	Die Schülerinnen und Schüler sollen Kenntnisse über das Suizidgeschehen erhalten und dabei Fehl- und Vorurteile revidieren.
Thema 3: Warnsignale: ›Wie könnt ihr sie erkennen?‹	
Lernziel:	Die Schülerinnen und Schüler sollen die Warnsignale kennen, die auf Suizidgefährdung hinweisen.
Thema 4: Gesprächsführungskompetenzen: Zuhören und sprechen – Alles über Gefühle	
Lernziel:	Die Schülerinnen und Schüler sollen Basisfertigkeiten im Zuhören und Sprechen erlangen, damit sie einfühlsam auf Notsignale eines Klassenkameraden eingehen können.
Thema 5: Gemeindenahe Einrichtungen: ›An wen könnt ihr euch wenden?‹	
Lernziel:	Die Schülerinnen und Schüler sollen wissen, an wen sie sich wenden können, wenn sie selbst oder ein Klassenkamerad in Not sind.

Heute ist sie jedoch – u. a. durch neuere Erkenntnisse – skeptischer, was den Einsatz von Unterrichtsprogrammen zur Suizidprävention in Schulen anbetrifft. Sie sieht vor allem die Gefahr, dass sich nicht erkannte suizidgefährdete Schülerinnen und Schüler in Klassen befinden könnten und dass unerfahrene Lehrkräfte diese übersehen und ohne Vorsichtsmaßnahmen das Thema Suizid ansprechen. Die angloamerikanischen Ausführungen zur Suizidprävention in Schulen haben gezeigt, dass Suizid als Unterrichtseinheit nicht ohne gründliche Vorbereitung über das Thema durchgeführt werden sollte.

Auch wenn zu den einzelnen Themen jeweils Grundgedanken, genaue Vorbereitungs- und Durchführungshinweise sowie Materialien angegeben werden und es für Lehrkräfte in einem Parallelheft (Bründel 1994b) umfangreiche Informationen über angloamerikanische Suizidpräventionsprogramme in Schulen gibt, wird aus heutiger Sicht zur Vorsicht bei der Durchführung dieser Unterrichtseinheit geraten. Ein weiterer erschwerender Gesichtspunkt ist, dass keine Evaluationen vorliegen.

Unterrichtseinheit (Kamm, Jehli & Wiesner 2000, S. 26 ff.)

Lektion I: Was ist Suizid?	
Lernziele	Die Schülerinnen und Schüler sollen: • die Begriffe ›Selbstmord‹, ›Freitod‹, ›Selbsttötung‹ und ›Suizid‹ kennenlernen, voneinander abgrenzen und darstellen, • darlegen, was sie mit den Begriffen verbinden, • erfahren, dass Suizid ein Tabuthema ist.
Lektion II: Sprechen über Suizid	
Lernziele	Die Schülerinnen und Schüler sollen: • erfahren, dass man über Suizid sprechen darf, • Hemmungen verlieren, Suizid zu thematisieren, • allgemein verbreitete Vorurteile über den Suizid benennen und hinterfragen.
Lektion III: Text – Tom Sawyer	
Lernziele	Die Schülerinnen und Schüler sollen: • erfahren, dass über Suizid ohne Tabu gesprochen werden kann, • erfahren, dass alle Menschen Gefühlsschwankungen haben und dass darüber gesprochen werden darf und muss.
Lektion IV: Bilder malen	
Lernziele	Die Schülerinnen und Schüler sollen: • erfahren, dass nicht alle Probleme allein lösbar sind, • erfahren, dass es keine Schande ist, um Hilfe zu bitten, • Malen als möglichen Weg kennenlernen, seinen Gefühlen Ausdruck zu verleihen.

Lektion V: Rollenspiel	
Lernziele	Die Schülerinnen und Schüler sollen: • erfahren, dass es für die meisten Probleme einen Ausweg gibt, • erfahren, dass sie einen Klassenkameraden ansprechen dürfen, wenn sie das Gefühl haben, dass er ernsthafte Probleme hat. Sie dürfen sich aber auch Hilfe holen, wenn sie sich überfordert fühlen. Es gibt Situationen, in denen sie Hilfe von Erwachsenen anfordern müssen (z. B. wenn jemand Suizidabsichten äußert).
Lektion VI: Der Wert eines Menschenlebens	
Lernziele	Die Schülerinnen und Schüler sollen: • erfahren, dass der menschliche Körper nicht nur einen ›Materialwert‹ besitzt, • sich als wertvolles Wesen fühlen.
Lektion VII: Gedichte	
Lernziele	Die Schülerinnen und Schüler sollen: • die Gefühle eines Menschen, der sich in einer depressiven Phase befindet, kennenlernen, • lernen, dass es Depressionen schon immer gab und dass sie zum Leben dazugehören, • Hilfsmöglichkeiten erkennen.
Lektion VIII: Ein langer Prozess	
Lernziele	Die Schülerinnen und Schüler sollen: • erkennen, dass ein Suizid das Produkt eines langen Entstehungsprozesses ist, • anhand eines Beispiels einen suizidgeprägten Ablauf analysieren und in Phasen einteilen, • Arten der Suizidverhütung auflisten.
Lektion IX: Das macht das Leben lebenswert	
Lernziele	Die Schülerinnen und Schüler sollen: • die eigenen Lebenswerte reflektieren, • Lebenswerte der anderen kennenlernen.
Lektion X: Ein Suizidversuch	
Lernziele	Die Schülerinnen und Schüler sollen: • Beweggründe für einen Suizid kennenlernen, • über eigene Suizidgedanken reflektieren, • andere Auswege erarbeiten und erkennen.

Zu den einzelnen Lektionen werden didaktisch-pädagogische Überlegungen angestellt sowie Materialen und ausführliche Durchführungshinweise gegeben.

Kommentar: Ein Vorteil dieser Unterrichtseinheit aus der Schweiz liegt in der großen Anzahl der Lektionen, die über einen längeren Zeitraum im Unterricht eingesetzt werden können und in der sehr umfangreichen theoretischen Einführung sowie in den sehr ausführlichen Hinweisen zum Ablauf der jeweiligen Lerneinheit, so dass sich Lehrkräfte gut vorbereiten könnten. Ein kritischer Einwand betrifft allerdings die Abfolge der Lektionen. Es erscheint ungünstig, die Unterrichtseinheit mit dem Thema ›Suizid‹ zu beenden. Darüber hinaus bestehen auch für diese Unterrichtseinheit dieselben generellen Vorbehalte wie für die erstgenannte.

Suizidpräventionsprogramm ›lebenswert‹ (Plöderl, Fartacek & Fartacek 2010)

›Lebenswert‹ ist ein österreichisches Suizidpräventionsprogramm für Jugendliche zwischen 13 und 18 Jahren. Es ist das »umfangreichste und anwendungsorientierteste« Suizidpräventionsprogramm im deutschsprachigen Raum (Fartacek & Plöderl 2011, S. 152) und wird daher hier ausführlicher dargestellt.

Es macht eine vorherige intensive Fort- und Ausbildung aller Lehrkräfte einer Schule und insbesondere der Beratungslehrkräfte zur Voraussetzung. Das Programm stützt sich auf bewährte internationale Ansätze und lehnt sich eng an das US-amerikanische ›SOS = Signs of Suicide® High School Program‹ an. Es besteht aus folgenden Modulen:

- Informationen für Schüler (Broschüre)
- Informationen für Eltern (Broschüre)
- Informationen für Pädagogen und Mitarbeiter in Schulen (Broschüre)

- Informationen für Schulleitungen, Projektorganisatoren und Beratungslehrer (Handbuch)
- Film »Vicky«
- Medienkritische Materialien
- Didaktische Materialien zum Thema ›Suizid‹ und Krisen, Projektunterricht
- Materialien für Elternabende
- Materialien für die Öffentlichkeitsarbeit

Ähnlich wie in angloamerikanischen Programmen üblich, wird auch in diesem Programm die Rolle der Depression als Erklärungsmodell für Suizid betont, um zu verhindern, dass sich bei Schülern eine positive Einstellung zum Suizid einschleicht. Die Informationen über epidemiologische Daten, Entstehungsbedingungen, Risikofaktoren, Mythen und Vorurteile werden sehr ausführlich in den entsprechenden Broschüren für Lehrkräfte, Schüler und Eltern dargestellt.

Der Krisenplan für österreichische Schulen ist speziell auf das österreichische Schulwesen abgestimmt (a. a. O., S. 150):

- Erkennen von Warnsignalen
- Kontaktaufnahme mit der potentiell gefährdeten Person
- Einschalten des Beratungslehrers
- Entwarnung oder entsprechende (Notfall-)Maßnahmen
- Nachsorgetermin

Die im US-amerikanischen SOS-Programm lautende ›ACT-Regel‹ (*a*cknowledge, *c*are und *t*ell) wird im Programm ›lebenswert‹ zu einer ABS-Regel umformuliert, die den Schülern mit Hinweis auf das ABS-System (Anti-Blockier-System) beim Auto erklärt wird:

> *A*chte auf Warnsignale – *B*leib in Verbindung – *S*ag es einem Erwachsenen

In allen Broschüren werden Warnsignale und Risikofaktoren aufgeführt. In der Einschätzung des Suizidrisikos spielt die Beratungslehrkraft eine zentrale Rolle. Dabei helfen ihr Checklisten und Depressionsmessungen in Form von Fragebögen und Depressionsskalen.

Ähnlich wie im SOS-Programm, gibt es im Programm ›lebenswert‹ einen Film, der jedoch hier eine komplexe Geschichte erzählt.

> Der Film handelt von Vicky und Marc, zweier Jugendlicher, die sich lieben. Doch Vicky will die Beziehung beenden, da Marc sich verändert hat. Nach einem Streit zwischen beiden verunglückt Marc mit dem Motorrad tödlich. Vicky erfährt davon am nächsten Tag und besucht Marcs Familie. Diese möchte, dass Vicky das Begräbnis mit organisiert. Über eine Freundin erfährt Vicky, dass Marc einen Abschiedsbrief hinterlassen hat, so dass sein Unfall die Vermutung an einen Suizid aufkommen lässt. Vicky leidet an großen Schuldgefühlen, weil sie glaubt, dass er sich ihretwegen das Leben genommen hätte. Von seinen Eltern hört sie starke Vorwürfe und fühlt sich noch schuldiger. Vicky lebt seit längerem mit ihrem Vater allein. Das Zusammenleben mit ihm ist nicht konfliktfrei. Durch den als Unfall getarnten Suizid Marcs gerät sie in eine Krise, die sie schließlich jedoch erfolgreich bewältigt.

Der Film gibt den Schülerinnen und Schülern die Möglichkeit, sich mit den einzelnen Personen des Films zu identifizieren und Gedanken und Gefühle zum Film auszutauschen. Im Unterricht können themenbezogene Filmanalysen vorgenommen werden wie Analyse der Warnsignale oder Analyse der Reaktionen der handelnden Personen. Es gibt zu diesem Film eine Fülle guter didaktischer Hinweise, wie z. B. ein neues Drehbuch zu schreiben und Rollenspiele zu erfinden.

Das Programm ›lebenswert‹ steht im Dienste der Gesundheitsförderung. Es zeigt, dass Vicky nicht an ihren Schuldgefühlen zerbricht, sondern für sich einen Weg aus der Krise findet. Der Fokus wird nicht auf Probleme gelegt, sondern auf die Stärken einer Person (Lebenskompetenz, Ressourcen, Widerstandskraft). Das Spannungsfeld zwischen Thematisierung von Suizid und Gesundheitsförderung wird konstruktiv genutzt, indem einerseits wichtige Informationen über Suizid gegeben, andererseits aber auch schulische Hilfsmaßnahmen genannt und alle Ebenen (Schüler, Eltern, Lehrer, Schulleitung) mit einbezogen werden.

›lebenswert‹ ist bisher das einzige deutschsprachige Suizidpräventionsprogramm, das mehrmals evaluiert worden ist (2012 und 2013). Allerdings wird unter ›Evaluation‹ leider nur das Feedback der Schülerinnen und Schüler auf die Durchführung des Programms verstanden. So wurden Schülerinnen und Schüler befragt, wie sie das Programm und einzelne Aspekte daraus gefunden hätten: 89 Prozent empfanden es insgesamt als ›sehr interessant‹ oder ›interessant‹, lediglich 3 Prozent bewerteten es als ›uninteressant‹. 58 Prozent gaben an, ›wichtige Informationen‹ erhalten zu haben. 72 Prozent der Schülerinnen und Schüler gefiel der Film besonders gut, rund 28 Prozent fanden ihn nicht gut. Insgesamt wurde unter den 183 positiven Rückmeldungen der Film ›Vicky‹ an erster Stelle genannt, gefolgt vom Projekt insgesamt, den Gruppenarbeiten, dem Besprechen der Gefühle und den Informationen.

Von einer Evaluation im statistischen Sinne mit dem Ziel einer Evidenzbasierung, unter Zugrundelegung von Effektivitätskriterien wie Steigerung des Gesundheitsverhaltens oder Abnahme von Suizidgedanken und suizidalem Verhalten, kann im strengen Sinne nicht die Rede sein. Dass eine solche Evaluierung sehr schwierig, wenn gar unmöglich ist, zeigen diverse internationale Bemühungen, die sich mit der Evaluierung von Programmen zur schulischen Gesundheitsförderung sowie von Programmen zur Suizidprävention befassen (WHO 2004; Wallerstein 2006).

IV

Gesundheitsförderung

1

Studien zur Gesundheit von Jugendlichen

Der Kindheits- und Jugendgesundheitssurvey (KiGGS 2007), die DAK-Leuphana-Studie (2010a; b; 2011) und die Unicef-Studie (2013) liefern umfangreiche Daten zur psychischen Gesundheit von Kindern und Jugendlichen. Es zeigt sich, dass sich das Krankheitsspektrum von akuten zu chronischen (Allergien, Diabetes mellitus, Asthma bronchiale) und von somatischen zu psychischen Gesundheitsstörungen (Depressionen, Essstörungen, Suchtmittelmissbrauch und Selbstverletzungen) verschoben hat. Jeder dritte Schüler und jede dritte Schülerin leidet z. B. an depressiven Verstimmungen (DAK-Leuphana-Studie 2012).

Nach der BELLA-Studie, einer Befragung zum psychischen Wohlbefinden und Verhalten von sieben- bis siebzehnjährigen Kindern und Jugendlichen im Rahmen des Kinder- und Jugendgesundheitssurveys (KiGGS 2007) des Robert Koch-Instituts, zeigten 21,9 Prozent aller Kinder und Jugendlichen psychische Auffälligkeiten (Ravens-Sieberer, Wille, Bettge & Erhart 2007, S. 874 ff.). Bei Jungen wurde eine geringgradig höhere Auftretenshäufigkeit als bei Mädchen gefunden sowie eine leichte Zunahme mit dem Alter. Eine wichtige Rolle spielt der sozioökonomische Status: Kinder und Jugendliche aus Familien mit niedrigem sozioökonomischen Status waren häufiger betroffen als diejenigen aus Familien mit mittlerem oder hohem sozioökonomischen Status. Davon unabhängig ergab die Auswertung bezüglich spezifischer Störungen, dass 5,4 Prozent der Gesamtgruppe depressive Störungen, 10 Prozent Ängste, 2,2 Prozent Aufmerksamkeitsdefizit-/Hyperaktivitätsstörungen (ADHS) und 7,6 Prozent Störungen des Sozialverhaltens aufwiesen. Von diesen Kindern und Jugendlichen wurden keineswegs alle psychologisch oder ärztlich behandelt. Vielfach ahnten deren Eltern nicht einmal etwas von ihren seelischen Nöten.

In der DAK-Leuphana-Studie (2010a; b) wurden Schülerinnen und Schüler (Haupt-, Real- und Gesamtschulen, Gymnasien und Berufsbildende Schule) im Alter von 10 bis 21 Jahren u. a. auch zu ihrer Gesundheit befragt. Das Spektrum ihrer psychischen Beschwerden war weitgefächert. Fast ein Drittel aller Schülerinnen und Schüler berichtete von psychischen Belastungen, speziell von depressiven Stimmungen, von Schmerzen und von Ängsten (a. a. O. 2011). Einschlafprobleme und Gereiztheit waren bei Jungen und Mädchen annähernd gleich ausgeprägt. Mädchen empfanden jedoch Kopfschmerzen und Niedergeschlagenheit weit häufiger als Jungen. Unter Schulstress litten 23 Prozent der Schülerinnen und Schüler und unter Leistungsdruck 43 Prozent. Besonders bemerkenswert war das Ergebnis, dass depressive Schülerinnen und Schüler sehr viel ungünstigere Bewältigungsstrategien aufwiesen als nichtdepressive.

Die Unicef-Studie (2013) befragte 176.000 Kinder und Jugendliche aus 29 Ländern zu ihrer Lebenszufriedenheit, darunter ca. 5000 im Alter von 11 und 15 Jahren aus Deutschland. Jeder siebte Jugendliche (ca. 15 %) gab an, mit seiner Lebenssituation *nicht* zufrieden zu sein. Damit liegt Deutschland im Vergleich der 29 Länder nur auf Rangplatz sechs.

Die Studien zeigen übereinstimmend, dass mehr als bisher getan werden muss, um die psychische Gesundheit von Kindern und Jugendlichen zu verbessern. Ein Ort dafür ist ganz sicherlich die Familie, aber auch die Schule.

2

Die Bedeutung der Schule für die Gesundheitsförderung

Kinder und Jugendliche verbringen einen Großteil ihrer täglichen Lebenszeit in der Schule. Der verantwortungsvolle Umgang mit der eigenen Gesundheit gehört zu den Alltagskompetenzen, die sie zwar in der Familie, aber auch in der Schule erwerben sollten. Die Förderung der Gesundheit stellt ein »unverzichtbares Element einer nachhaltigen Schulentwicklung« dar (Beschluss der Kultusministerkonferenz vom 15.11.2012, S. 2). Gesundheitsförderung und Prävention

- »werden als grundlegende Aufgaben schulischer und außerschulischer Arbeit wahrgenommen,

2 Die Bedeutung der Schule für die Gesundheitsförderung

- greifen aktuelle bildungspolitische Entwicklungen auf (Selbstständige Schule, Ganztagsschule, Inklusion, Integration, gendersensible Pädagogik, Bildung für nachhaltige Entwicklung),
- eröffnen Schülerinnen und Schülern, Lehrkräften und dem sonstigen pädagogischen Personal die Möglichkeit, Kompetenzen zu gesunden Lebensweisen und zu einer gesundheitsfördernden Gestaltung ihrer Umwelt zu erwerben,
- berücksichtigen aktuelle gesundheitliche Belastungen z. B. Beeinträchtigungen der psychischen Gesundheit,
- beziehen Einstellungen sowie die lebensweltlichen und sozialräumlichen Voraussetzungen der Kinder und Jugendlichen und ihrer Familien mit ein.« (a. a. O., S. 3)

Die Ottawa-Charta hat die Bedeutung der Schule bei der Entwicklung persönlicher Fähigkeiten für Gesundheit und Gesundheitsförderung herausgestrichen (WHO 1986). Im Jahre 1996 gab die WHO Leitlinien heraus, die von Schulen eingehalten werden müssen, wenn sie als ›Gesundheitsfördernde Schule‹ anerkannt werden wollten (WHO 1996):

- Schulische Richtlinien und Regeln zur Gesundheit
- Die materielle Schulumgebung
- Die soziale Schulumgebung
- Beziehungen der Schule zu ihrer Gemeinde
- Die Entwicklung persönlicher Gesundheitskompetenzen
- Schulische Gesundheitsdienste

Schulische Gesundheitsförderung wird nicht als zusätzlich zu leistende Aufgabe verstanden, sondern als »essentieller Bestandteil der Organisations-, Unterrichts- und Personalentwicklung« von Schulen. Übergeordnetes Ziel ist die ›gute gesunde Schule‹ und damit die »nachhaltig wirksame Steigerung der Erziehungs- und Bildungsqualität der Schule« (Dadaczynski & Paulus 2011). Eine gute gesunde Schule ist durch folgende Merkmale gekennzeichnet (Paulus 2003):

- positive Leistungserwartungen
- transparentes, stimmiges und berechenbares Regelsystem

- positives Schulklima mit Engagement für Schülerinnen und Schüler
- Mitsprache und Verantwortungsübernahme durch Schülerinnen und Schüler
- Zusammenarbeit und pädagogischer Konsens im Lehrerkollegium
- wenig Fluktuation von Lehrerinnen und Lehrer sowie von Schülerinnen und Schülern
- zielbewusste, kommunikations- und konsensorientierte Schulleitung
- reichhaltiges Schulleben
- schulinterne Lehrerfortbildung
- Einbeziehung der Eltern
- Unterstützung durch die Schulbehörde

Die Deutsche Gesetzliche Unfallversicherung (DGUV) hat im Mai 2013 ein Fachkonzept mit dem Titel ›Mit Gesundheit gute Schulen entwickeln‹ veröffentlicht. Die Publikation stellt Grundlagen und Rahmenbedingungen einer integrierten Gesundheits- und Qualitätsentwicklung von Schule vor.

Schule ist ein Lebensraum, in dem viele Faktoren die Gesundheit von Lehrern und Schülern positiv, aber auch negativ beeinflussen können. Dazu gehören neben dem Schulgebäude, seiner Bauweise und räumlichen Ausgestaltung vor allem das Klima und die Kultur der Zusammenarbeit von Lehrern, Schülern und Eltern. Die Schulqualität übt einen ganz entscheidenden Einfluss sowohl auf den Schulerfolg als auch auf die Gesundheit aus. Letztere wird als »Mediator zwischen Schulqualität und Schulerfolg« gesehen (Paulus & Dadaczynski 2010, S. 14). Bildung hat Einfluss auf die Gesundheit von Schülerinnen und Schülern und Gesundheit auf deren Bildung (Dadaczynski & Witteriede 2013, S. 12 f.). So kann Schulversagen negative Gefühle wie Angst, Hoffnungslosigkeit und Frustration hervorrufen, die wiederum die Entstehung psychischer Probleme begünstigen und im Extremfall Suizidgedanken auslösen. Psychisch beeinträchtigte Schüler können sich nur schwer auf den Unterricht konzentrieren und erzielen daher schlechtere Schulergebnisse. Diese Zusammenhänge betonen die Notwendigkeit, Handlungsansätze zur Förderung der schulischen Gesundheit zu konzipieren und diese zu realisieren. Gesundheitsförderliche und präventive Maßnahmen unterstützen Schulen in ihrem Kernanliegen, ein angemessen hohes Bildungsniveau und gute Schulergebnisse zu erzielen. Gesundheit ist nicht nur ein Selbstzweck, sondern »dient als Motor für Schulqualität« (a. a. O., S. 14). Eine gesundheitsfördernde Schule sollte ein geschütztes Lernumfeld und ein Setting zu Verfügung stellen, das zur Stärkung der Lebenstüchtigkeit der Schülerinnen und Schüler sowie aller an Schule Beteiligten beiträgt.

Die gesundheitsfördernde Schule basiert auf einem ganzheitlichen Ansatz, der nicht nur einzelne Aspekte in den Blick nimmt, sondern das gesamte Setting Schule. Gesundheitsförderung in Schulen versteht sich als Schulentwicklungskonzept, das auf folgenden Prinzipien basiert (Dadaczynski & Paulus 2011, S. 165 ff.):

- nachhaltige Initiativen für Schulentwicklung
- ganzheitlicher und dynamischer Gesundheitsbegriff
- innere und äußere Vernetzung
- Selbstbestimmung, Partizipation und Empowerment
- Salutogenese

Der Begriff der Salutogenese (Antonovsky 1997) hebt die Stärkung des Selbstvertrauens und des Selbstwertgefühls als wesentliche Faktoren zur Herstellung und Aufrechterhaltung der psychischen Gesundheit hervor. Schülerinnen und Schüler sollen sich in der Schule ihrer positiven Eigenschaften und Fähigkeiten bewusst werden und diese auch zur Lösung von Problemen einsetzen. Sie sollen lernen, ihre eigenen Gefühle wahrzunehmen und auch auszudrücken sowie die der anderen zu bemerken und darauf adäquat zu reagieren.

3

Förderung der positiven Entwicklung von Schülerinnen und Schülern

In den letzten Jahren hat sich ein konzeptioneller Wandel in der Präventionsarbeit vollzogen. Die neue Strategie besteht darin, in der Schule die ›positive‹ Entwicklung von Schülerinnen und Schülern zu fördern, statt nur die ›negative‹ verhindern zu wollen. Es setzt eine Abkehr von einseitigen Präventionsprogrammen ein, die hauptsächlich das Problemverhalten Jugendlicher zum Thema machen und Kenntnisse über Depression vermitteln (Pinquart & Silbereisen 2014). Damit erhält die Suizidprävention eine andere inhaltliche Ausgestaltung: weg von Risikofaktoren und hin zu Schutzfaktoren und Ressourcen. Das kann durch Thematisierung lebensnaher Themen erreicht werden, wie sie z. B. in den Programmen Lions-Quest:

›Erwachsen werden‹ (Lions Clubs International & Quest International o. J.) und ›Fit for Life‹ (Jugert, Rehder, Notz & Petermann 2014) angesprochen werden: eigene Stärken, Selbstvertrauen, Identität, Konfliktfähigkeit, mein Zuhause, mit Gefühlen umgehen, Beziehung zu meinen Freunden, Entscheidungen treffen, sich Ziele setzen, sich Hilfe und Unterstützung holen, sich helfen lassen.

Dabei werden Methoden wie Brainstorming, Brainwriting, Gruppenarbeit, Fantasiereisen und sog. Energizer (kreative Aktivitäten) eingesetzt, die Spaß bereiten und zum Mitmachen motivieren.

Andere bewährte Programme, die speziell für die Durchführung von Lehrkräften in der Schule geschrieben wurden, heißen ›Lebenslust mit LARS & LISA‹ (Hautzinger, Wahl & Patak o. J.) und ›LARS & LISA: Lust an realistischer Sicht und Leichtigkeit im sozialen Alltag‹ (Pössel, Horn, Seemann & Hautzinger 2004). Ersteres ist speziell für Hauptschulen gedacht, Letzteres für Realschulen. Beide sind sich strukturell, inhaltlich und vom Umfang her sehr ähnlich. Es sind Trainingsprogramme zur Prävention von Depressionen und gleichzeitig Lebenskompetenzprogramme zur Emotionsregulation sowie zur Stärkung von Schutzfaktoren und Minimierung von Risikofaktoren. Die Programme werden in zehn aufeinander folgenden Wochen für die Dauer von zwei Schulstunden (insgesamt neunzig Minuten) durchgeführt. Inhaltlich lassen sich fünf Schwerpunkte unterscheiden:

- Formulierung persönlicher Ziele
- Zusammenhang zwischen Kognitionen, Emotionen und Verhalten
- Exploration und Veränderung dysfunktionaler Kognitionen
- Training sozialer Kompetenzen
- Selbstsicherheitstraining

Wahl, Patak & Hautzinger (2012) betonen, wie wichtig eine vorherige gründliche Einführung der Lehrkräfte in die Programmdurchführung ist. Die empirischen Befunde zeigen, dass die Akzeptanz der Programme bei Lehrkräften und Schülern sehr hoch ist. Es ergaben sich signifikant positive Effekte auf negative Selbstaussagen, Sozialverhalten und depressive Symptomatik.

Ziele solcher und anderer ›Lebenskompetenzprogramme‹ sind die Förderung psychischer Widerstandskräfte (Resilienz) und die Stärkung sozialer, emotionaler und kognitiver Kompetenzen. Unter Resilienz wird die Fähigkeit verstanden, erfolgreich mit belastenden Situationen umzugehen und sich von ihnen nicht ›aus der Bahn werfen‹ zu lassen. Resilienz ist das Vermögen, Probleme und Krisen aktiv zu bewältigen, und wird in Zusammenhang mit sozialer Kompetenz gesehen, die erlernbar ist. Das Konzept der Lebenskompetenzprogramme beruht auf der Überzeugung, dass ein benachteiligter oder schlechter Start der persönlichen Entwicklung nicht unbedingt in einen krankheitswertigen Zustand (Depression) der Person übergehen muss, sondern durch positive Erfahrungen und Erlebnisse im Sinne einer weiteren gesunden Entwicklung korrigiert werden kann.

Positive Selbstwirksamkeitserwartungen und die Wertschätzung positiven Verhaltens und Akzeptanz prosozialer Normen (klare Regeln in Familie und Schule) sind die Grundlage für die Entstehung des Kohärenzgefühls. Es handelt sich dabei um die »generelle Lebenseinstellung eines umfassenden und dauerhaften, aber dynamischen Gefühls des Vertrauens« (Deutsche Gesetzliche Unfallversicherung 2013, S. 18). Je ausgeprägter das Kohärenzgefühl bei einem Menschen ist, desto besser bewältigt er die Anforderungen seines Lebens (▶ **Abb. 5**).

In der Gesundheitsförderung und Prävention in Schulen geht es um »Maßnahmen aus pathogener und salutogener Perspektive« (a. a. O.). Zum einen wird die Verringerung von Gefährdungen angestrebt und zum anderen die Stärkung personaler und sozialer Ressourcen. Die Erfahrungen, die mit einseitigen und auf der Beseitigung von Risikofaktoren beruhenden Programmen gewonnen wurden, zeigen, dass eine gelingende Gesundheitsförderung, die auf Förderung der positiven Entwicklung basiert, die erfolgversprechendste Suizidprävention ist. Starke Akzente sollten im Unterricht auf Unterrichtsthemen wie psychische Gesundheit und Wohlgefühl

3 Förderung der positiven Entwicklung von Schülerinnen und Schülern

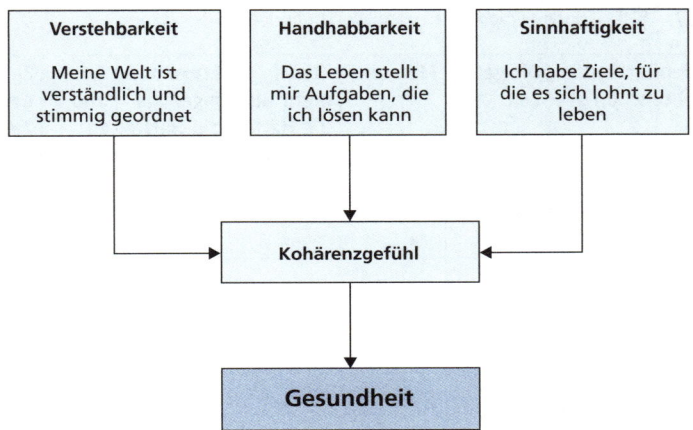

Abb. 5: Kohärenzgefühl und Gesundheit

gelegt werden. Statt Tests zum Suizidrisiko durchzuführen, könnten z. B. Fragebögen zum gesundheitlichen Wohlbefinden, wie z. B. der WHO-(Fünf-)Fragebogen, eingesetzt werden. Der Fragebogen fokussiert bewusst auf gute Laune, Energie und Interessen und lenkt damit die Aufmerksamkeit auf Daseinsfreude und Wohlgefühl. Es handelt sich dabei um einen Selbsttest, der leicht von den Schülern ausgewertet werden kann (▶ **Tab. 7**).

Tab. 7: WHO (Fünf) – Fragebogen zum Wohlbefinden

In den letzten zwei Wochen ...	Die ganze Zeit	Meistens	Etwas mehr als die Hälfte der Zeit	Etwas weniger als die Hälfte der Zeit	Ab und zu	Zu keinem Zeitpunkt
... war ich froh und guter Laune	5	4	3	2	1	0
... habe ich mich ruhig und entspannt gefühlt	5	4	3	2	1	0

3 Förderung der positiven Entwicklung von Schülerinnen und Schülern

Tab. 7: WHO (Fünf) – Fragebogen zum Wohlbefinden – Fortsetzung

In den letzten zwei Wochen ...	Die ganze Zeit	Meistens	Etwas mehr als die Hälfte der Zeit	Etwas weniger als die Hälfte der Zeit	Ab und zu	Zu keinem Zeitpunkt
... habe ich mich energisch und aktiv gefühlt	5	4	3	2	1	0
... habe ich mich beim Aufwachen frisch und ausgeruht gefühlt	5	4	3	2	1	0
... war mein Alltag voller Dinge, die mich interessieren	5	4	3	2	1	0

Quelle: http://www.aegnord.de/uploads/downloads/dateiarchiv/1/finale_who-_5_fragebogen.pdf?PHPSESSID=xflczzdcu (Stand: 16.4.14)

Erläuterung zu Tabelle 7: Der Rohwert kommt durch einfaches Addieren der Antworten zustande. Er erstreckt sich von 0 bis 25, wobei 0 das niedrigste Wohlbefinden und 25 das größte Wohlbefinden anzeigt.

Auswertung:

19–25 Punkte:	sehr gutes Wohlbefinden
13–18 Punkte:	mäßig – zufriedenstellend
12–10 Punkte:	reduziertes Wohlbefinden
< 10 Punkte:	eingeschränktes Wohlbefinden
< 7 Punkte:	Depression wahrscheinlich

Einen Prozentwert von 0 bis 100 erhält man durch Multiplikation mit 4. Der Prozentwert 0 bezeichnet das schlechteste und 100 das beste Befinden.

Die Stärkung des Wohlgefühls und der sozialen Kompetenz von Schülerinnen und Schülern sind wesentliche Elemente der gesundheitsfördernden Schule. Das Programm MindMatters leistet einen wichtigen Beitrag zur Erreichung dieser Ziele.

4

MindMatters – Förderung der psychischen Gesundheit in und mit Schule

MindMatters ist ursprünglich ein australisches Präventionsprogramm, das in mehreren Zeitphasen an deutsche und schweizerische Schulverhältnisse adaptiert wurde. Die Vorbereitungsphase erstreckte sich von September 2002 bis Januar 2004. Danach folgten die Pilotphase (Februar 2004 bis August 2005) und die Implementierungs- und Verbreitungsphase (September 2005 bis Dezember 2006). Der Modellversuch lief vom Februar 2004 bis Juli 2005. Eine erste Evaluation erfolgte 2003 als Initialtestung der MindMatters-Materialien durch Lehrer und Schüler. Es handelt sich dabei um subjektive Einschätzungen (Gesamteindruck, Häufigkeit der Nutzung, Verbesserungsvorschläge usw.).

4 MindMatters – Förderung der psychischen Gesundheit in und mit Schule

MindMatters ist ein erprobtes und ›wissenschaftlich fundiertes‹ Programm zur Förderung der psychischen Gesundheit an Schulen der Sekundarstufe 1 und auch der Primarstufe (Paulus, Franze & Schwertner 2004; Nieskens, Heinold & Paulus 2011, S. 2). Es basiert auf dem Konzept der gesundheitsfördernden Schule. Gesundheit ist dann gegeben, wenn sich alle an Schule Beteiligten physisch, psychisch, sozial und ökonomisch wohlfühlen und wenn ihre Fähigkeiten zur Problembewältigung und zur Selbstverwirklichung ausreichen (Hurrelmann & Bründel 2007, S. 188 ff.).

MindMatters wurde als Präventionsansatz entwickelt, um Themen der psychischen Gesundheit in den regulären Unterricht zu integrieren. Das Programm wendet sich an die gesamte Lehrer-, Schüler- und Elternschaft sowie an das gesamte Schulpersonal und auch an außerschulische Experten wie Schulpsychologen und Jugendhilfe. Es setzt organisatorische Impulse, die sich u. a. auf den Aufbau von Kooperationsnetzwerken mit außerschulischen Institutionen beziehen. Dadurch wird es einem umfassenden Präventionsanspruch gerecht. MindMatters versteht sich als ein Programm, das Schulentwicklungsprozesse in Gang setzt. Es strebt eine nachhaltige Veränderung von Schule an. MindMatters besteht zurzeit aus fünf Unterrichtsheften für die Sekundarstufe I:

1. Freunde finden, behalten und dazugehören – Förderung der Resilienz in der Schule
2. Mit Stress umgehen – im Gleichgewicht bleiben
3. Mobbing? Nicht in unserer Schule – Prävention und Handlungsstrategien
4. Rückgrat für die Seele – Umgang mit Verlust und Trauer
5. Wie geht's? – Psychische Störungen in der Schule verstehen lernen

Das sechste Heft, ›Fit für Ausbildung und Beruf‹, ist noch in Vorbereitung. Derzeit werden die Module der Sekundarstufe I gründlich überarbeitet (E-Mail von Frau Dr. Nieskens vom 16.3.2014). Für die Primarstufe gibt es das Unterrichtsheft: ›Gemeinsam(es) Lernen mit Gefühl – Förderung von sozialemotionalem Lernen‹. Darüber hinaus gibt es sog. Basis- oder auch Schulentwicklungshefte, die spezifische Ziele verfolgen:

SchoolMatters: Mit psychischer Gesundheit gute Schule machen	
Zielgruppe:	Schulleitung und Lehrkräfte
Ziele:	Verankerung der Resilienzstärkung im Schulprogramm, Entwicklung persönlicher Fähigkeiten als Teil des Curriculums, Überprüfung der Lehrmethoden und Organisation des Schulalltags, Handlungspläne für Krisensituationen erstellen
CommunityMatters: Die Schule öffnen und vom Umfeld profitieren	
Zielgruppe:	Schulleitung und Lehrkräfte
Ziele:	Aufbau von Partnerschaften, Inklusion, Abbau von Berührungsängsten
LifeMatters – Leitfaden zur Prävention von Selbstverletzungen und Suizid	
Zielgruppe:	Schulleitung, Lehrkräfte, Schüler
Ziele:	Vereinbarungen, Prozesse, Handlungsabläufe, die zu einer umfassenden Suizidprävention beitragen

Die Ziele von *SchoolMatters* bestehen darin, Strukturen und Strategien zur Förderung der psychischen Gesundheit aller Schulmitglieder aufzubauen, die von *CommunityMatters* darin, Verschiedenheit als Bereicherung wahrzunehmen und alle Schulmitglieder willkommen zu heißen, ob aus- oder inländischer Herkunft, ob mit und ohne Behinderung und ob mit homo- oder heterosexueller Orientierung. Der zugrundeliegende Gedanke der Inklusion entspricht der schulpädagogischen Aktualität. *LifeMatters* ist das eigentlich suizidspezifische Heft. Es hat das Ziel, Wege aufzuzeigen, die zum Wohlbefinden führen und es wieder herstellen, wenn es durch Krisen erschüttert worden ist.

Im Landesprogramm NRW (Ministerium für Schule und Weiterbildung des Landes Nordrhein-Westfalen 2014) wird darauf hingewiesen, dass es Schulen mithilfe von MindMatters ermöglicht wird,

Suizidprävention nach einem ganzheitlichen Ansatz in ihren Schulalltag zu integrieren. MindMatters beschäftigt sich zwar auch mit Risikofaktoren, stärkt aber vorrangig die Widerstandsfähigkeit von Schülerinnen und Schülern (Resilienz), ohne das Thema ›Suizid‹ direkt in den Mittelpunkt zu stellen (a. a. O.). Mit MindMatters werden die sozialen und emotionalen Kompetenzen der Schülerinnen und Schüler gestärkt und in aufeinander aufbauenden Übungen gefestigt.

MindMatters ist kein ›Defizitprogramm‹, das nur Probleme anspricht, sondern ein ressourcenorientiertes Lebenskompetenzprogramm, das Schülerinnen und Schüler stärkt und ihnen das zuversichtliche Gefühl vermittelt, dass ihr eigenes Leben sinnvoll und verstehbar ist und seine Anforderungen zu bewältigen sind. Seine Basis ist die Aktivierung und Förderung von Ressourcen. Hierbei werden auch die Eltern mit einbezogen, denn es ist zuvörderst ihre Aufgabe, die Grundlage dafür zu schaffen, dass ihre Kinder ihre eigenen Wünsche, Bedürfnisse und Hoffnungen im Rahmen des Möglichen konstruktiv selbst verwirklichen. Die Zusammenarbeit von Eltern und Schule spielt eine große Rolle. Die Kompetenzen der Eltern werden nach den Vorgaben der Kultusministerkonferenz gezielt eingebunden (Beschluss der Kultusministerkonferenz vom 15.11.2012). Jugendliche werden darin gestärkt, neben ihrer physischen Gesundheit auch für ihre psychische Gesundheit selbst zu sorgen und zu lernen, was ihnen guttut und was nicht.

Im gesamten Programm wird großer Wert auf die Entwicklung eines guten Schulklimas gelegt, ferner auf eine wertschätzende partizipative Schulkultur und eine Identifizierung aller Schulangehörigen mit ihrer Schule (http://mindmatters-schule.de/hintergrund.¬html; Stand: 4.9.2014).

Zu den einzelnen Modulen gibt es unterschiedliche Evaluationsergebnisse. Da LifeMatters in Schulen relativ selten angewendet wird, gibt es dazu derzeit keine aktuellen Evaluationsergebnisse (E-Mail von Frau Dr. Nieskens vom 16.3.2014). Das Primarstufenmodul diente 2013 dem zu dieser Zeit noch im Test befindlichen Q^{GPS}-Verfahren als Anwendungsbeispiel (http://www.mind-¬

matters-schule.de/evaluation-aktuell.html; Stand: 4.9.2014). Das Q^{GPS}-Verfahren (Qualitätsentwicklung *gesundheitsbezogener Programme in Schulen* von Dadaczynski & Witteriede (2013)) stellt ein Instrument zur Qualitätsentwicklung gesundheitsbezogener Programme in Schulen dar. Es ermöglicht eine systematische Bewertung von Programmen zur Gesundheitsförderung, eine Steigerung der Transparenz der Qualität von Programmen, eine kontinuierliche Qualitätsentwicklung von Programmen sowie eine Verbesserung der Handlungsfähigkeit von Akteuren im Gesundheits- und Bildungswesen.

Angewandt auf das Primarstufenmodell prüfte das Q^{GPS}-Verfahren drei von vier Dimensionen: Konzept-, Struktur- und Prozessqualität. Die Konzeptqualität und Strukturqualität wurden auf einem ›Exzellenzniveau‹ (95,8 % und 85,7 %) erreicht, die Prozessqualität auf einem ›Durchschnittsniveau‹ (60,0 %). Damit wurde das Primarstufenmodell durch Q^{GPS} insgesamt mit einem Gesamtscore von 85,5 Prozent bewertet. Die Ergebnisqualität wurde nicht erfasst, da das Primarstufenmodell erst seit drei Jahren existiert und noch keine Evaluationsbefunde vorliegen (a. a. O.).

Damit kann das MindMatters-Konzept als das derzeit bestevaluierte Präventions- und Lebenskompetenzprogramm bezeichnet werden. Evaluationen der Module der Sekundarstufe I werden nach der Neubearbeitung folgen.

V

Wenn das Unvorstellbare passiert – Suizid eines Schülers

Trotz aller Maßnahmen zur Suizidprävention und trotz aller Bemühungen der Lehrkräfte, aufmerksam auf gefährdete Schülerinnen und Schüler zu sein, kann es dennoch passieren, dass ein Schüler oder eine Schülerin sich das Leben nimmt (Bründel 2012). Es gibt leider keine Garantie und keine absolute Sicherheit, Suizide zu verhindern. Aber es gibt die Möglichkeit, auf Suizide professionell zu reagieren, um zumindest mit einer guten Postvention die Wahrscheinlichkeit nachfolgender Suizide zu verringern.

1

Eine Schule im Schock

Die Nachricht

Es ist Montagmorgen, 7:30 Uhr. In der Schule klingelt frühmorgens das Telefon. Die Sekretärin der Gesamtschule in einer nördlichen Kleinstadt nimmt den Hörer ab. Am Telefon ist die Mutter eines Schülers, die den Schulleiter wenn möglich sofort sprechen möchte. Die Sekretärin spürt an der Stimme der Mutter, dass etwas Schreckliches passiert sein muss. Sie stellt das Telefonat zum Schulleiter, Herrn S., durch. Die Mutter berichtet aufgelöst und weinend, dass sie ihren Sohn, Sebastian N., 16 Jahre alt, gestern Nachmittag tot in seinem Zimmer aufgefunden habe. Er habe sich erhängt.

Diese Nachricht schockiert den Schulleiter und trifft ihn völlig unvorbereitet. Ihm fehlen zunächst die Worte. Dann drückt er der

1 Eine Schule im Schock

Mutter sein tiefes Mitgefühl aus und fragt nach, wer von der Familie im Hause sei und sie unterstützen könne. Er vernimmt, dass der Ehemann auf Reisen sei, sie ihn jedoch schon habe sprechen können und dass er heute noch zurückkäme. Im Moment sei ihre Schwägerin bei ihr. Der Schulleiter fragt nach Geschwisterkindern, nach ihrem Alter und welche Schule sie besuchen. Er weist auf den möglichen Beistand eines Notfallseelsorgers hin und bietet die Unterstützung durch die Schulpsychologin der Schule an sowie Hilfe bei der Erledigung formaler Handlungsnotwendigkeiten. Der Schulleiter bedankt sich bei der Mutter, dass sie ihn sofort benachrichtigt hat, und versichert, alles zu tun, um ihr in ihrem Schmerz beizustehen und ihr und ihrer Familie zu helfen, die schwierige Situation zu bewältigen. Er fragt, ob es ihr recht sei, wenn er sie morgen Vormittag noch einmal anrufen würde.

Damit ist das Telefonat zunächst beendet. Der Schulleiter hat nicht nach Einzelheiten, nach Vermutungen bzw. Erklärungen der Mutter gefragt und nicht die Frage nach dem ›Warum‹ gestellt. Das wäre auch nicht angemessen gewesen und hätte die Mutter nur noch mehr belastet. Er hat die Nachricht einfühlsam entgegengenommen, auf weitere Nachfragen verzichtet und der Mutter signalisiert, dass er den Kontakt zu ihr und ihrer Familie wahren möchte.

In der Regel stehen Schulen dem Suizid eines Schülers hilflos gegenüber. Häufig haben sie auch keine größere Praxiserfahrung mit dem nun notwendigen Krisenmanagement. Viele Lehrkräfte scheuen sich, sich mit dieser Problematik im Vorfeld zu beschäftigen, nur allzu gern sparen sie die Themen Tod und Sterben aus. Neben aller Tragik, Anteilnahme und Trauer sehen viele Schulleitungen den Suizid eines Schülers oder einer Schülerin als ›imageschädigend‹ für ihre Schule an. Außerdem befürchten sie die nachahmende Wirkung, die ein Suizid unter Schülern auf andere Schüler der Schule ausüben kann. Der Suizid eines Schülers hat große Auswirkungen auf die gesamte Schule, und es steht in der Tat zu befürchten, dass andere – psychisch vorbelastete – Mitschülerinnen oder -schüler bei ausbleibender Trauerbegleitung und ungenügender Aufarbeitung des Geschehens sich ermutigt fühlen, auch Suizid zu begehen (Kreis, Marti & Schreyer 2002).

Manche Schulleiter möchten ein solches Geschehen am liebsten mit Stillschweigen übergehen, doch sie wissen, dass dies unprofessionell und kaltherzig wäre. Trauerarbeit und eine strukturierte Bearbeitung und Bewältigung des Geschehens helfen allen Beteiligten, mit Schuldgefühlen und Selbstanklagen fertigzuwerden; Gefühle, die bei einem Suizid fast immer auftauchen. Darüber hinaus stellt jeder Suizid, so traurig er auch ist, eine Chance dar, über das Thema zu sprechen, das Geschehen konstruktiv zu bearbeiten und vor allem auf bestehende Hilfsmöglichkeiten hinzuweisen.

Beginn des Krisenmanagements

Der Schulleiter, Herr S., setzt das schulische Krisenmanagement in Gang (Bründel 2012). Das besteht darin, das Krisenteam einzuberufen, Lehrer und Schüler über das Geschehen angemessen und einfühlsam zu informieren sowie eine schulische Trauerarbeit zu gewährleisten, die den Bedürfnissen aller Betroffenen gerecht wird (Koll, Rudolph & Thimme 2005). Bevor das jedoch geschieht, schießen ihm eine Unmenge an Fragen durch den Kopf, die es gilt, zu ordnen und zu strukturieren, wie z. B.:

- Wer informiert die Mitschüler des Verstorbenen?
- Wie und wann soll das geschehen?
- Wer hält den Kontakt zu den Eltern des Verstorbenen?
- Müssen die Eltern aller Schüler benachrichtigt werden?
- Haben wir weitere suizidgefährdete Schülerinnen oder Schüler an unserer Schule?
- Wer weiß mehr darüber?
- Wann ist die Beerdigung, wer nimmt daran teil?
- Wer beantwortet Presseanfragen?
- Wer hilft und unterstützt uns?

Schulleitungen sollten sich, wenn sie sich hilflos fühlen, möglichst sofort Unterstützung beim schulpsychologischen Dienst ihrer Kommune, bei Schulseelsorgern oder Kräften holen, die mit dieser Thematik vertraut sind.

Kontakt zu den Eltern des Verstorbenen halten

Von großer Bedeutung ist es, den Kontakt zu den Eltern des Verstorbenen zu halten und nach deren Bedürfnissen und Wünschen zu fragen. Die ersten Schritte, die in der Schule getan werden, sollten von Mitgefühl mit Eltern und eventuellen Geschwisterkindern, von Respekt gegenüber der Familie und von Verständnis für ihre psychische Situation geprägt sein. Es wird empfohlen, dass die Schulleitung und die Klassenlehrerin die Trauerfamilie an einem der nächsten Tage besucht und Hilfe und Unterstützung anbietet. Wichtig ist auch, ihnen Hinweise zu geben, wie und wo sie sich professionelle Unterstützung in ihrer Kommune holen können.

Der Suizid eines Kindes ist für Eltern ein dramatisches und aufwühlendes Ereignis, das oftmals ihr gesamtes weiteres Leben aufgrund von Trauer und Schuldgefühlen beeinträchtigt. Es dauert Jahre, bis Eltern den Suizid ihres Kindes in ihr eigenes Leben integrieren können (Schneider, Grebner, Schnabel & Georgi 2011). Auch aus diesem Grund sollte der schulische Kontakt zur Familie aufrechterhalten werden, und zwar nicht nur über die ersten Tage, sondern auch über die nächsten Wochen und Monate. Falsch wäre es, die Familie in ihrer Trauer alleinzulassen, in der irrtümlichen Annahme, sie wolle allein sein. Familien in Trauer benötigen den Kontakt nach außen und vor allem auch therapeutische Unterstützung. Es hat sich gezeigt, dass psychosoziale Hilfen die komplexen Gefühle von Trauer, Wut, Ärger und Schuld vermindern können (a. a. O.). Die Art und Weise, wie die Schule ihre Elternarbeit und Elternpartnerschaft gestaltet, wie sie Abschied von einem Schüler nimmt, wie sie trauert, ist Ausdruck ihrer Schulkultur und auch ihres Schulprofils.

Einberufung einer außerordentlichen Lehrerkonferenz

Herr S. beruft noch an demselben Morgen eine außerordentliche Konferenz ein, um allen Kolleginnen und Kollegen die Mitteilung von Sebastians Suizid zu machen und um mit ihnen das weitere Vorgehen zu besprechen. Im Schulalltag kann sich das als schwierig erweisen, weil nicht alle Lehrkräfte zum gleichen Zeitpunkt im Lehrerzimmer eintreffen. Es muss auf jeden Fall verhindert werden, dass Lehrkräfte uninformiert in ihre Klassen gehen. Die Sekretärin ruft alle abwesenden Lehrkräfte an und bittet sie, in die Schule zu kommen. Das ist bei großen Kollegien nicht immer zu realisieren. Daher kann der Schulleiter, um sicherzugehen, dass alle Lehrkräfte die Information über das Ereignis so bald wie möglich erhalten, eine schriftliche Handreichung verfassen und diese in die entsprechenden Fächer aller Lehrkräfte legen lassen. In dieser teilt er nicht nur den Suizid des Schülers mit, sondern auch Verhaltensempfehlungen für die nächsten Tage. Sie könnten folgendermaßen lauten:

> Ich möchte Sie bitten, heute vor Beginn des Unterrichts den Suizid von Sebastian N., Klasse 10b, mit Ihren Schülern zu thematisieren/zu besprechen. Einige der Schülerinnen und Schüler sind darüber vielleicht schon informiert worden, sei es durch Nachrichten oder durch Gespräche untereinander. Andere hingegen erfahren erst durch Sie vom Tod Sebastians. Bitte geben Sie Ihrer Klasse die Möglichkeit, Fragen zu stellen und ihre Gefühle zum Ausdruck zu bringen. Beantworten Sie alle Fragen, so gut Sie können, aber vermeiden Sie Spekulationen, Vermutungen und Hypothesen.
>
> Reagieren Sie feinfühlig gegenüber den unterschiedlichen Empfindungen der Schülerinnen und Schüler. Einige werden sehr traurig und verwirrt sein, andere vielleicht gleichgültig oder sogar wütend.
>
> Sie müssen heute keinen Fachunterricht erteilen, sondern Sie können über die Inhalte der Stunden je nach den Bedürfnissen der Schülerinnen und Schüler frei verfügen.

> Das Krisenteam wird während des ganzen Tages und den Rest der Woche in der Schule sein. Es besteht die Möglichkeit, dass Ihnen ein Teammitglied bei der Information an die Schüler beisteht. Bitte achten Sie auf Kinder, die vom Tod Sebastians besonders betroffen sind.
> Dieser Tag wird für uns alle sehr schwierig sein. Die Schulpsychologin wird sich im Lehrerzimmer aufhalten und Sie bei Bedarf unterstützen. Wir werden uns nach der Schule, um … Uhr, im Lehrerzimmer treffen.
>
> (nach Michel, Vorster & Probst (o. J.): Richtlinien für das Verhalten nach einem Suizid. Schweizerische Gesellschaft für Krisenintervention und Suizidprophylaxe (SGKS))

Wichtig ist, dass der Schulleiter seine Lehrkräfte auf die ihnen bevorstehende besondere Situation einstimmt und ihnen auch Zeit lässt, sich mit ihren eigenen Gefühlen auseinanderzusetzen, bevor sie vor ihre Schüler treten. Er betont, dass kein Fachunterricht gemacht und keine Klassenarbeiten geschrieben werden sollten. Er bietet seinen Kolleginnen und Kollegen Unterstützung durch das Krisenteam an und ruft am Ende des Schultages alle Lehrkräfte noch einmal zu einer Besprechung zusammen. Damit hat der Schulleiter zunächst einmal alles getan, damit seine Lehrkräfte informiert und orientiert sind und sich auch unterstützt fühlen. Das weitere Krisenmanagement übernimmt das Krisenteam der Schule.

2

Krisenteam und Krisenmanagement

Das Krisenteam besteht aus der Schulleitung und den Lehrkräften des Kollegiums mit speziellen Funktionen. Es erhält intern Unterstützung von der Sekretärin und dem Hausmeister sowie bei Bedarf externe Unterstützung durch den schulpsychologischen Dienst und durch Notfallseelsorger der Kommune:

- Schulleitung oder Stellvertreter (zentraler Ansprechpartner)
- Beauftragter für medizinische Hilfe (Ausbildung in Erster Hilfe)
- Sicherheitsbeauftragter (gute Kenntnisse des Schulgebäudes)
- Pressesprecher (hält Kontakt mit den Medien)
- Elternkontaktperson (informiert die Eltern anderer Schüler)
- Personalbeauftragter (koordiniert die Aktivitäten mit den Schülern)

- Schulpsychologe, Beratungslehrer, Seelsorger (unterstützt, berät und sorgt für Erste Psychische Hilfe)

Das Krisenteam wird vom Schulleiter einberufen. Er oder sein Stellvertreter haben die Leitung inne. Die erste Aufgabe des Krisenteams ist, zu überlegen, welche Informationen vorliegen und welche wie, wann und an wen weitergegeben werden bzw. welche nicht. Es müssen vor allem die Mitschülerinnen und Mitschüler des Verstorbenen über das tragische Ereignis informiert werden sowie alle Eltern der Schule. Letzteres ist wichtig, damit auch die Eltern von Klassenkameraden und Freunden des Verstorbenen unterrichtet sind und mit ihren Kindern über das Geschehen sprechen und eventuelle psychische Reaktionen auffangen können. Oft sind Freunde oder Bekannte über alle Klassenstufen verteilt und genauso bestürzt und verwirrt wie die Mitschüler. Umso wichtiger ist es für Eltern anderer Schüler, zu wissen, was geschehen ist. Leenaars & Wenckstern (1991, S. 187) beschreiben in einem Flussdiagramm die einzelnen Schritte, angefangen von der Mitteilung des Suizids an die Schulleitung, das Schulkollegium, die Schüler und Eltern bis hin zu Gesprächen mit Mitgliedern der Gesundheits- und Schulbehörden sowie der Presse.

In jeder Schule sollte es ein Krisenteam geben. Nach den zurückliegenden verheerenden Amokläufen in Erfurt (2002), Emsdetten (2006), Winnenden (2009) und Ludwigshafen (2010) mit insgesamt 35 toten Schülerinnen, Schülern, Lehrkräften und anderen Personen haben die Schul- und Kultusministerien der Länder Empfehlungen für die Bildung von Krisenteams herausgegeben, damit Schulen in Notfällen situationsangemessen handeln können (Ministerium für Schule und Weiterbildung des Landes Nordrhein-Westfalen 2007; Ministerium für Bildung, Wissenschaft, Jugend und Kultur, Rheinland-Pfalz 2007).

Im Idealfall hat sich das Krisenteam mit verschiedenen Notfallszenarien (Amok, Suizid, Unfalltod, Tod durch Krankheit) befasst und darüber intensiv fortgebildet. Es sollte Zeichen und Signale von drohenden Gewaltanwendungen sowie Anzeichen von

Suizidalität bei Schülerinnen und Schülern, aber auch bei Kolleginnen und Kollegen kennen. Es sollte einen Verhaltenskodex für Krisen erarbeitet und Adressen von externen Hilfsangeboten und Beratungsstellen zusammengestellt haben. Weiterhin sollten Unterrichtshilfen für das Kollegium bereitliegen, d. h. Hinweise, wie in Notfällen mit trauernden Schülern umzugehen ist. Im Krisenfall

- trifft das Krisenteam Entscheidungen über Maßnahmen des ersten Tages nach dem Ereignis und der darauffolgenden Tage,
- unterstützt Lehrkräfte und Schülerinnen und Schüler bei der Verarbeitung des Krisenereignisses und bei der Trauerarbeit
- und sorgt dafür, dass die Schule nach einem Krisenereignis wieder den ›normalen Betrieb‹ aufrechterhalten kann.

Umgang mit der Presse

Für den Fall, dass sich Pressevertreter bei der Schule melden, um Näheres über den Schülersuizid zu erfahren, koordiniert der Pressesprecher des Krisenteams alle Mitteilungen. Nur dieser kommuniziert in Absprache mit der Schulleitung und den Eltern mit der Presse und gibt über die Bestätigung des Suizids hinaus keine weiteren Informationen heraus. Das ist auf Erfahrungen zurückzuführen, wonach bestimmte Formen der Berichterstattung über Suizide weitere Suizide (Imitationshandlungen) hervorgerufen haben (Sonneck & Etzersdorfer 1991). Tomandl, Sonneck & Stein (2008) haben daher einen Leitfaden zur Berichterstattung über Suizid herausgegeben, der für alle Suizide gilt, unabhängig vom Alter, in dem sie erfolgten. Im Falle eines Schülersuizids sollte die Presse folgende Empfehlungen berücksichtigen (Tomandl, Sonneck & Stein 2008):

- den Bericht nicht auf der Titelseite der Zeitung erscheinen lassen

- den Ausdruck ›Selbstmord‹ oder ›Suizid‹ nicht in der Artikelüberschrift verwenden
- keine Fotografie der betreffenden Person zeigen
- keine Details zum Ort oder der Methode nennen

Stattdessen:

- das persönliche Leid auf einfühlsame Weise beschreiben
- konkrete Alternativen/Lösungsansätze aufzeigen
- professionelle Hilfsangebote nennen
- Kennzeichen von Suizidgefahr (Warnsignale) veröffentlichen

Überblick über das weitere Vorgehen

Das rasche Zusammentreffen des Krisenteams entlastet die Lehrkräfte. Sie müssen sich nicht für alles zuständig fühlen und für jeden Handlungsschritt die Verantwortung übernehmen (Engelbrecht & Storath 2005). Damit sich das Krisenteam der Schule einen Überblick verschaffen kann, wer alles informiert und/oder auch zur Unterstützung herangezogen werden sollte, ist es hilfreich, auf das methodische Instrument der ›Kreise der Betroffenen‹ zurückzugreifen (▶ Abb. 6).

Dieser Überblick hilft, Struktur in die weitere Planung zu bringen, denn die Gefahr ist groß, Betroffene zu übersehen. Im Falle eines Schülersuizids sind je nach Größe einer Schule einschließlich der Familienangehörigen mindestens fünfzig bis weit über hundert Personen betroffen. Das Krisenteam

- koordiniert und hilft bei der Thematisierung des Suizids mit den Schülern,
- weist auf mögliche Gefährdung anderer Schülerinnen und Schüler hin,
- erwägt Hilfsmaßnahmen für betroffene Schülerinnen und Schüler.

2 Krisenteam und Krisenmanagement

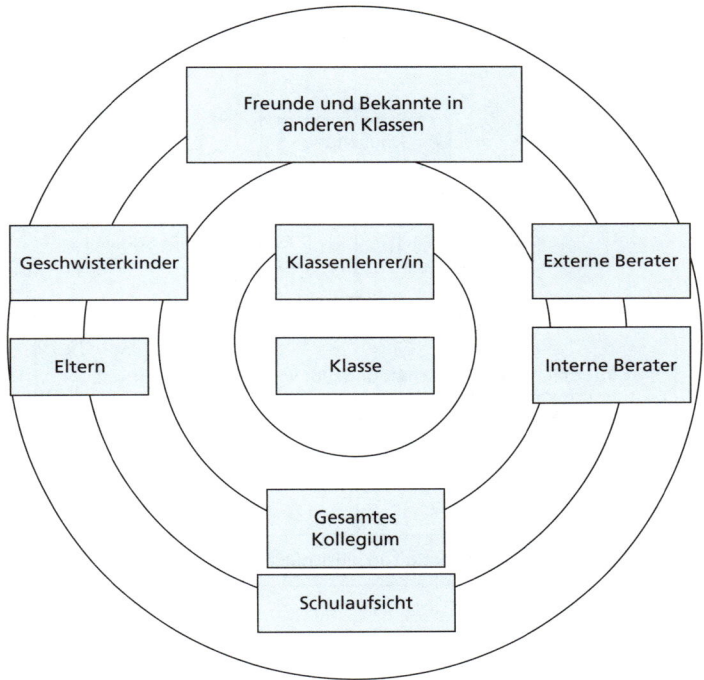

Abb. 6: Kreise der Betroffenen (nach Englbrecht & Storath 2005, S. 24)

Da gerade bei Suiziden die Gerüchteküche brodelt, muss gut überlegt werden, was mitgeteilt wird. Es sollten nur Fakten und keine Vermutungen über Ursache und Beweggründe weitergegeben werden. Selbstverständlich sollte dabei jeweils auch die eigene Betroffenheit und Trauer zum Ausdruck kommen. Das bisherige Krisenmanagement kann wie in Abbildung 7 zusammengefasst und veranschaulicht werden.

2 Krisenteam und Krisenmanagement

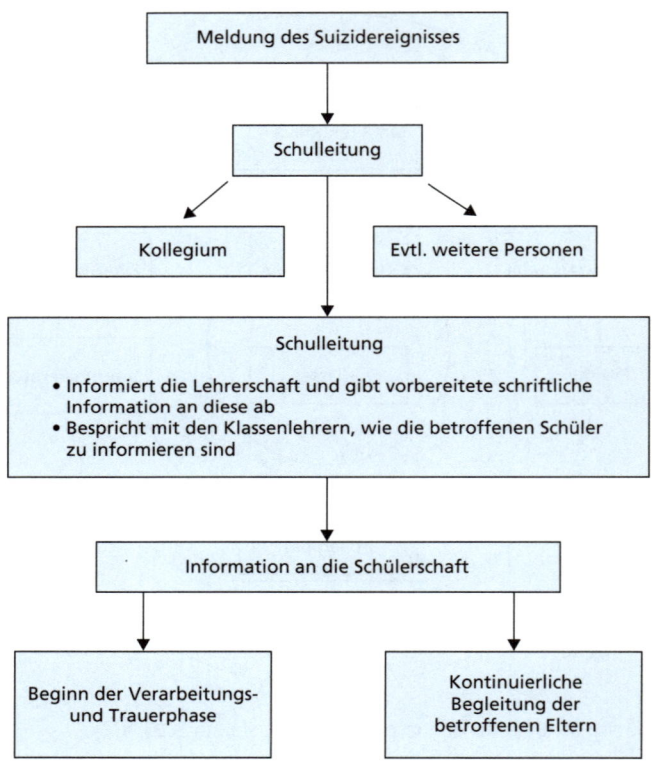

Abb. 7: Ablauf (in Anlehnung an Kreis, Marti & Schreyer 2002, S. 6)

3

Überbringung der Nachricht an die Schülerschaft

Die Gefühle der Bestürzung, Trauer, Verunsicherung und Hilflosigkeit können besonders beim Klassenlehrer oder bei der -lehrerin so stark sein, dass sie sich nicht fähig fühlen, die Information an die Schülerinnen und Schüler weiterzugeben. Es ist dann die Aufgabe des Krisenteams, insbesondere des Beratungslehrers, des Sozialpädagogen oder auch des Schulpsychologen, diese Lehrkräfte zu stützen und zu entlasten, indem sie entweder diese Aufgabe selbst übernehmen oder sie mit den Lehrkräften gemeinsam erfüllen.

Möglicher Fehler in der Informationsübermittlung

In der Literatur werden Fehler beschrieben, die in dem Bemühen gemacht worden sind, möglichst schnell alle Schülerinnen und Schüler der Schule zu informieren (Hill 1984). Ein Experte eines Suizidpräventionscenters wurde in die Schule gebeten, und alle Schüler, die sich dem Schüler, der sich suizidiert hatte, nahe fühlten, wurden in die Aula gerufen. Die Folge war ein Massenandrang von Schülern, denn alle wollten dabei sein. Es herrschte eine Atmosphäre von Neugier, Sensationslust und Spannung. Eine chaotische Organisation führte zu ausufernden Diskussionen, Anklagen und Vorwürfen von Seiten der Schülerschaft, die teils berechtigt, teils aber auch in keinem Zusammenhang mit dem Geschehen standen. Die Schüler nutzten die Gelegenheit, ›alles in einen Topf‹ zu werfen und ihrem Frust gegenüber der Schule Ausdruck zu verleihen. Erschwerend kam hinzu, dass der Schulleiter sich wegen dringender anderer Verpflichtungen vorzeitig verabschiedete und den externen Berater mit der Schülerschaft alleinließ. Die Schüler nutzten die Abwesenheit des Schulleiters für eine Totalabrechnung mit der Institution Schule (a. a. O.).

Aus diesen Fehlern muss gelernt werden. Die Information der Schüler sollte in Klassenverbänden und wenn möglich durch Klassenlehrkräfte geschehen, denn sie haben den besten Kontakt zu ihren Schülern. Die Klassenlehrkräfte können bei Bedarf durch interne oder externe Berater unterstützt werden. Es empfiehlt sich, zu zweit in die Klasse zu gehen.

Das Überbringen der Information an die Klassenkameraden des betreffenden Schülers erfordert viel Sensibilität, Flexibilität und Kreativität. Was soll gesagt werden, und wie wird methodisch vorgegangen? Eine gute Vorbereitung bis hin zur genauen Wortwahl ist nötig. Es gilt zu bedenken, dass einige Klassenkameraden, z. B. die engeren Freunde des Schülers, wissen, was vorgefallen ist, und schon darüber gesprochen haben. Es kann aber auch sein, dass die Klasse noch gar nichts weiß und sie die Nachricht völlig unvorbereitet trifft. Poland (1989, S. 135 ff.) gibt folgende konkrete Hinweise, wie vorzugehen ist:

- Do give the facts to the students.
- Don't have a large assembly.
- Do provide small group counseling.
- Do emphasize that no one is to blame for the suicide.
- Don't dedicate a memorial to the deceased.
- Don't dismiss school or encourage funeral attendance during school hours.
- Do emphasize that help is available and there are alternatives to suicide.

Methodischer Ablauf

Der methodische Ablauf muss gut geplant werden. Wie wird das Gespräch mit den Schülern eröffnet, wie wird es in Gang gehalten? Welche Hilfsmittel und Materialien (Papier, Malstifte, Texte, Musik, Teelichter, Taschentücher, Moderationskoffer) sind vorzuhalten? Steht ein weiterer Raum zur Verfügung, in den Schülerinnen und Schüler gehen können, die nicht am Klassengespräch teilnehmen wollen? Dazu geben die folgenden Krisen- und Notfallordner wertvolle Anregungen (Evangelisch-Lutherische Kirche in Bayern, Katholisches Schulkommissariat in Bayern 2006; Ministerium für Bildung, Wissenschaft, Jugend und Kultur, Rheinland-Pfalz 2007; Landesinstitut für Lehrerbildung und Schulentwicklung Hamburg, Beratungsstelle Gewaltprävention 2008; KrisenKompass 2010).

Betritt ein Mitglied des Krisenteams oder auch ein externer Berater gemeinsam mit dem Klassenlehrer die Klasse, merken die Schülerinnen und Schüler sofort, dass es sich um eine besondere Situation handelt. Der Ernst der Situation wird dadurch unterstrichen, dass der Klassenlehrer eine andere Sitzordnung vorschlägt. Es empfiehlt sich eine Sitzordnung in Kreisform. Der externe Berater stellt sich der Klasse mit Namen und seinem Beruf vor und gibt mit seinen Worten, seiner Mimik und Gestik zu verstehen, dass etwas sehr Trauriges geschehen, dass ein Mitschüler verstorben ist. Er macht eine Pause, um die Reaktion der Klassenkameraden abzuwarten. Auf diese Weise erfährt er, ob die Mitschüler schon Kenntnis vom Geschehen haben. Einige werden in die Klasse rufen, was sie wissen. Daran kann der Berater anknüpfen und das Geschehen deutlich ansprechen. Er informiert, dass der Mitschüler durch Suizid gestorben ist, ohne auf das Wie näher einzugehen.

Es gilt einerseits, eine Tabuisierung des Suizids zu vermeiden, und andererseits, die Handlung selbst nicht in Einzelheiten zu schildern. Der Klassenlehrer/Berater sollte nur das sagen, was er weiß, und keine Vermutungen über Ursache und Hintergründe anstellen, auch keine Informationen über die Begleitumstände der Tat geben. Je nach Stellung des Schülers in der Klasse und Schule – Klassensprecher und Schulsprecher werden häufig bewundert – kann es sein, dass die Klassenkameraden dazu neigen, seinen Suizid zu glorifizieren und sich mit dem Schüler zu identifizieren. Dieser Gefahr sollte der Berater durch sachliches und ruhiges Sprechen entgegentreten.

Erfahrungsgemäß stellen die Schüler nach und nach Fragen, die der Klassenlehrer/Berater, so gut er kann, auch beantwortet, ohne jedoch Einzelheiten des Geschehens zu benennen. Häufig weiß er zu diesem Zeitpunkt auch nicht mehr als die bloße Nachricht vom Suizid. Er sollte versuchen, jeglichen Spekulationen entgegenzutreten, und stattdessen die Schüler anregen, das zusammenzutragen, was sie vom verstorbenen Schüler wissen: ihre Erinnerungen an ihn, seine Vorlieben, Hobbies und Interessen. Sie können beschreiben, wann und wo sie ihn zum letzten Mal gesehen oder gesprochen und was sie mit ihm unternommen haben. Da es sich um Suizid handelt und nicht um einen natürlichen Tod, äußern Klassenkameraden häufig Schuldgefühle, nichts bemerkt und keine näheren Kenntnisse von ihm gehabt zu haben. Manche deuten an, gewusst zu haben, dass es ihm schlechtging, und schämen sich nun, dass sie keine Hilfe geholt haben. Diese Schuldgefühle können bei manchen Klassenkameraden zu Selbstverletzungen, Suizidgedanken und sogar zu Suizidhandlungen führen (Bartik, Maple, Edwars & Kiernan 2013). Derart belastete Schüler versuchen, eine Bedeutung im Suizid ihres Mitschülers zu sehen, und knüpfen eine Verbindung zu ihrem eigenen Leben.

Wenn diese Jugendlichen dann mit ihrem Kummer alleinbleiben und keine Unterstützung und Hilfe finden, sind auch sie extrem gefährdet. Ihre Gefährdung nimmt zu, wenn sie versuchen, ihre eigene psychische Not mit Alkohol, Drogen oder riskanten sexuellen Verhaltensweisen zu lindern (a. a. O., S. 215). Weiterhin kann es sein, dass sich Schülerinnen oder Schüler in der Klasse befinden, die sich gerade selbst in einer Krise befinden und psychisch instabil sind, wovon aber weder Berater noch Klassenlehrer wissen. So wird die Gefahr der Nachahmung erhöht. Umso wichtiger ist es folglich, in weiterführenden Gesprächen an den nachfolgenden Tagen genau hinzuhören und hinzusehen und gefährdete Schülerinnen und Schüler auf Hilfs- und Beratungsstellen hinzuweisen.

4

Trauerverarbeitung

Im ›Handlungsleitfaden für Hamburger Schulen‹ (Landesinstitut für Lehrerbildung und Schulentwicklung, Hamburg 2008) werden ausführliche Leitgedanken zum Umgang mit Tod und Trauer in der Schule wiedergegeben (a. a. O., S. 56 ff.). Lehrkräfte brauchen sich ihrer Tränen nicht zu schämen, wenn sie die Nachricht vom Suizid eines Schülers den Klassenkameraden überbringen. Allerdings sollten sie sich emotional so weit fangen, dass sie noch sprechen und das Gespräch mit den Schülern noch strukturieren können. Ist das nicht der Fall, sollten sie um Unterstützung von Mitgliedern des Krisenteams bitten oder auch externe Berater zu Rate ziehen.

Schülerinnen und Schüler reagieren ganz unterschiedlich auf den Verlust von Klassenkameraden, vor allem dann, wenn es sich um einen Suizid handelt. Fast alle reagieren zunächst geschockt und betroffen, aber nicht selten werden auch schnell Gefühle des Ärgers, der Wut und manchmal sogar der Erleichterung deutlich. Nicht alle sind traurig, einige reagieren gleichgültig, sogar aggressiv, manche lachen und albern oder machen unangemessene Witze. Es ist zu bedenken, dass sich hinter all diesen Gefühlsäußerungen und Verhaltensweisen dennoch Trauer verbergen kann, denn Trauer hat viele ›Farben‹ und äußert sich unterschiedlich. Jugendliche wissen häufig nicht, wie sie ihre Trauer zeigen können, und möchten nach außen hin ›cool‹ wirken.

Schülerinnen und Schüler sollten selbst entscheiden dürfen, wann und wie sie trauern. Vielen ist es unangenehm, dies in der Gemeinschaft der Klassenkameraden zu tun. Daher ist es wichtig, es ihnen freizustellen und sie nicht zu zwingen, an Gesprächen teilzunehmen. Schülerinnen und Schüler, die sich nicht am Gespräch beteiligen wollen, können in einen anderen Raum gehen. Dieser müsste dann aber auch für sie bereitgestellt sein.

Es gibt bei Kindern und Jugendlichen altersspezifische Unterschiede, was ihre Kenntnisse über Sterben und Tod anbetrifft. Diese zu kennen, ist für Lehrkräfte wichtig (▶ **Tab. 8**).

Tab. 8: Altersspezifische Unterschiede im Umgang mit Tod und Trauer (Landesinstitut für Lehrerbildung und Schulentwicklung, Beratungsstelle Gewaltprävention. Handlungsleitfaden für Hamburger Schulen 2008, S. 58)

Vorschulkinder im Alter bis zu sechs Jahren	Der Tod wird mit einer vorübergehenden Abwesenheit gleichgesetzt, d. h. es wird eine Rückkehr des Toten erwartet. Es überwiegt die Vorstellung, dass Leben und Tod jederzeit ausgetauscht werden könnten. Bevor das Kind konkrete Erfahrungen gemacht hat, verfügt es noch nicht über die Vorstellung, dass Bezugspersonen und es selbst sterben können.
Schulkinder im Alter von sechs bis zehn Jahren	Kinder beginnen, die Bedeutung des Todes zu verstehen. Sie erkennen, dass der Tod alle Menschen treffen kann, auch ihnen sehr nahestehende Personen und sie selbst. Es entsteht die Einsicht, dass Verstorbene nie mehr zurückkommen.

Tab. 8: Altersspezifische Unterschiede im Umgang mit Tod und Trauer (Landesinstitut für Lehrerbildung und Schulentwicklung, Beratungsstelle Gewaltprävention. Handlungsleitfaden für Hamburger Schulen 2008, S. 58) – Fortsetzung

Schulkinder im Alter von zehn bis zwölf Jahren	Für Kinder in diesem Alter hat der Tod in etwa dieselbe Bedeutung wie für Erwachsene. Sie entwickeln ein verstärktes sachliches Interesse an den biologischen Aspekten von Tod und Sterben. Sie realisieren auch die Tatsache der eigenen Sterblichkeit.
Jugendliche ab zwölf Jahren	Das Todeskonzept festigt sich mit zunehmendem Alter und stimmt schließlich mit dem von Erwachsenen überein. Die Kriterien des Todes sind: Universalität, Irreversibilität und Erlöschen aller Lebensfunktionen.

Unabhängig vom Alter der Schülerinnen und Schüler gilt es, sie in ihrer Trauer, wie auch immer sich diese zeigt, zu begleiten (Lammer 2004):

- *T* – Den Tod begreifen
- *R* – Reaktionen Raum geben
- *A* – Anerkennung des Verlusts äußern
- *U* – Übergänge unterstützen
- *E* – Erinnern und Erzählen anregen
- *R* – Ressourcen und Risiken einschätzen

Freunde und Klassenkameraden des Verstorbenen tun sich allerdings häufig schwer damit, den Verlust zu akzeptieren. Sie können und wollen sich nicht eingestehen, dass sie einen guten Freund verloren haben. Jedoch: Durch Erinnern und Erzählen wird ein konkretes Bild des Verstorbenen sichtbar, mit dem die Hinterbliebenen weiterleben können. Abschied zu nehmen, zur Beerdigung zu gehen, teilzuhaben am Ritual ist für alle, die den Verstorbenen gekannt haben, sehr wichtig.

Psychische Erste Hilfe bei Schülern: R E A K T I O N

Der Suizid darf nicht als brennende Wunde im Herzen der Mitschüler offen bleiben. Wenn Schüler um ihren verstorbenen Mitschüler trauern, ist es tröstlich, wenn die Klassenlehrkraft mit ihnen trauert, aber auch wenn sie gleichzeitig versucht, die Schüler psychisch zu stärken. Dies kann am besten durch ›Psychische Erste Hilfe‹ geschehen (Handlungsleitfaden für Hamburger Schulen 2008, Krise, S. 43):

- R = Respektieren Sie die Reaktionen der Schüler in der Situation! Jeder reagiert unterschiedlich. Einige sind schockiert, andere scheinen überhaupt nicht davon betroffen. Zum Sprechen sollte niemand gezwungen werden.
- E = Ermutigen Sie die Schüler, sich gegenseitig zu unterstützen, sich zu helfen, miteinander zu sprechen.
- A = Achten Sie auf Schüler, die ohnehin in schwierigen Lebenssituationen sind (Trennung der Eltern, schulische Schwierigkeiten, Krankheit).
- K = Kümmern Sie sich, zeigen Sie Präsenz, haben Sie Geduld. Machen Sie transparent, wann und wo Sie zu erreichen sind.
- T = Thematisieren Sie das Geschehen in der Klasse. Sprechen Sie offen und ehrlich, beantworten Sie die Fragen. Auch Sie dürfen ihre Gefühle zum Ausdruck bringen, damit erleichtern Sie es den Schülern, Ihre Gefühle zu zeigen.
- I = Informieren Sie die Schüler ausreichend, verschweigen Sie den Suizid nicht, sonst entstehen Gerüchte. Informieren Sie die Schüler auch über mögliche Belastungssymptome.
- O = Orientieren Sie sich an den Wünschen und Bedürfnissen der Schüler, und bieten Sie unterschiedliche Bewältigungsstrategien an: Reden, Bewegung, Ruhe, Musik.
- N = Nutzen Sie Beratungs- und Unterstützungsangebote der Krisenteams und schulpsychologischen Beratungsstellen.

Trauer ist ein Prozess, der Zeit braucht. Er besteht nach Kast (2013) aus mehreren aufeinander folgenden Phasen:

- Phase des Nicht-wahrhaben-Wollens
- Phase der aufbrechenden Emotionen
- Phase des Suchens und Sich-Trennens
- Phase des neuen Selbst- und Weltbezugs

Lehrer können und dürfen diese Phasen gemeinsam mit ihren Schülern durchschreiten. Die Kenntnis dieser Phasen erleichtert es, die oft widersprüchlichen Gefühle der trauernden Klassenkameraden zu verstehen und zu würdigen. Es gibt keine ›richtigen‹ oder ›falschen‹ Reaktionen.

Gerade in der *ersten Phase* des Trauerprozesses kann es zu einem Gefühlsschock bei Schülerinnen und Schülern kommen. Einige sitzen stumm und wie versteinert auf ihren Plätzen und scheinen empfindungslos zu sein. Diese Vermutung ist falsch. Im Gegenteil: Die Nachricht trifft sie so stark, dass sie eine instinktive Schutzreaktion mobilisieren und die Information nicht aufnehmen, sondern verleugnen. Viele Schülerinnen und Schüler benötigen Zeit, die ihnen auch unbedingt gewährt werden sollte. Andere zeigen vielleicht Übersprungshandlungen, lachen und albern herum. Auch diese Schülerinnen und Schüler sind betroffen, wollen aber ihre Gefühle nicht zeigen. Auch das muss respektiert werden.

In der *zweiten Phase* kommt es häufig zu heftigen Gefühlsaufwallungen, zu hemmungslosem Weinen und Schluchzen. Das ist im Trauerprozess normal und sollte nicht unterbunden werden. Auch für den Lehrer ist es kein Zeichen von Schwäche, zu weinen. Die gemeinsame Trauer verbindet Lehrer und Schüler emotional (Kamm, Jehli & Wiesner 2000). Viele Schüler orientieren sich an ihren Lehrkräften. Wenn diese bereit sind, ihre Trauer zu zeigen, merken die Schüler, dass sie es auch tun dürfen. Das Eingeständnis der persönlichen Betroffenheit von Lehrern ist ein Zeichen ihrer Echtheit und Ehrlichkeit und regt Schüler an, es ihnen gleichzutun (Karutz 2010).

Die *beiden letztgenannten Phasen* – sich suchen und sich trennen sowie einen neuen Selbst- und Weltbezug herstellen – werden von Lehrern und Schülern sehr individuell durchschritten; meistens durch gedankliche Beschäftigung und in Form von Zwiegesprächen. Diese beiden Phasen benötigen am meisten Zeit und können Wochen bis Monate andauern. Darin stehen die Erinnerung an den Verstorbenen im Vordergrund, die allmähliche Ablösung und der Blick nach vorne. Die Intensität der durchlebten Phasen ist auch von der Beziehung abhängig, die Klassenkameraden und Lehrkräfte zum verstorbenen Schüler hatten. Den einzelnen Trauerphasen entsprechen bestimmte Traueraufgaben (Witt-Loers 2009, S. 20 ff.):

- die Realität des Verlusts anerkennen
- den Abschiedsschmerz durchleben
- sich in einer Welt ohne den Toten zurechtfinden
- neue Lebensmuster finden

Zu diesem Zeitpunkt kann der Lehrer behutsam vermitteln, dass jedem Suizid eine lange Vorgeschichte vorangeht, die wir als Außenstehende nicht erkennen können, und dass es schwer ist, Suizidsignale richtig zu deuten. Er kann ferner darüber informieren, dass Suizidgefährdete häufig versuchen, ihren geplanten Suizid zu verheimlichen. Auf diese Weise trägt er zur Entlastung derjenigen Schüler bei, die starke Schuldgefühle empfinden. Es ist wichtig, dass er deutlich macht, dass weder dem Verstorbenen noch irgendjemand anderem Schuld für den Suizid zugeschoben werden kann (Kreis, Marti & Schreyer 2002, S. 9). Er sollte in Aussicht stellen, zu einem späteren Zeitpunkt näher auf das Thema ›Suizid‹ einzugehen, falls dies gewünscht wird.

Nicht alle Schüler können ihre Gefühle in Worte fassen, daher ist es günstig, ihnen verschiedene Ausdrucksformen anzubieten, z. B. ihre Gedanken und Gefühle aufzuschreiben, zu malen oder zu zeichnen. Es gibt erprobte Methoden zum Umgang mit Tod und Trauer in der Schule (Evangelisch-Lutherische Kirche in Bayern, Katholisches Schulkommissariat in Bayern 2006; Kamm, Jehli & Wiesner 2000; Kreis, Marti & Schreyer 2002; Landesinstitut Hamburg 2008; KrisenKompass 2010). Je nach Alter der Schülerinnen und Schüler, ihrer Beziehung zum Verstorbenen, je nach ihren Trauerreaktionen können an diesem und den nächsten Tagen folgende Materialien zur Unterstützung der Trauerarbeit eingesetzt werden:

- Kerzen anzünden, einen Trauertisch gestalten (Blumen),
- den Platz des Verstorbenen in der Klasse angemessen gestalten,
- Briefe an den Verstorbenen schreiben,
- Bilder malen (Gefühle und Erinnerungen großflächig auf Papier gebracht),
- ein Memory-Buch gestalten (Bilder hineinkleben, malen, Erinnerungen aufschreiben, es später den Eltern des Verstorbenen übergeben).

Es sollte mit den Klassenkameraden besprochen werden, wie sie vorgehen möchten. Von Blumengebinden und Fotos mit schwarzem Band auf dem Platz des Toten wird wegen der Glorifizierungsgefahr abgeraten. Auch von Gedenkfeiern, Begehen des Todestages, Erinnerungstafeln etc. ist Abstand zu nehmen, wohl aber kann für einige Zeit ein Trauertisch, eine Trauerecke in der Klasse oder Schule eingerichtet werden, wo die Klassenkameraden Abschiedsbriefe sowie Zeichnungen hinlegen und Gedanken zum Ausdruck bringen können. Dieser Punkt ist heikel, da der Begriff ›für einige Zeit‹ relativ ist und von Lehrern und Schülern unterschiedlich gesehen werden kann.

Ob gemeinsam gebetet, gesungen, gemalt, gesprochen oder meditative Musik gehört wird, bleibt den Wünschen der Klasse und der Lehrkraft überlassen. Entscheidend ist, dass die Verhaltensweisen von Respekt gegenüber dem Verstorbenen getragen sind. Musik nach dem individuellen Geschmack der Schülerinnen und Schüler kann unterstützend wirken, doch Songtexte stehen meistens am ersten Tag der Informationsübermittlung noch nicht zur Verfügung. Am Ende des ersten Schultages sollte sich der Lehrer vergewissern, wie es den Schülerinnen und Schülern psychisch geht. Es empfiehlt sich, nachzufragen, ob Eltern zu Hause sind, wenn sie heimkommen. Bemerkt er verstörte Schüler, sollten diese so lange unter Aufsicht eines Erwachsenen in der Schule bleiben, bis ihre Eltern eintreffen. Der Lehrer kann die Schülerinnen und Schüler bitten, für die nachfolgenden Tage ihre Musikstücke mitzubringen, die sie mögen und trösten.

Die Tage danach

An den nachfolgenden Unterrichtstagen wird die Trauerarbeit fortgesetzt, denn sie kann nicht auf einen Tag reduziert werden. Zu diesem Zeitpunkt bietet es sich an, weiterhin mit verschiedenen Materialien zu arbeiten: mit Ton, Papier, Farben oder auch Songtexten, z. B.

- CD ›Mensch‹ von Herbert Grönemeyer (Lied: Der Weg)
- CD ›Seiltänzertraum‹ von PUR (Lied: ›Noch ein Leben‹)
- CD ›Zwischenspiel – Alles für den Herrn‹ von Xavier Naidoo (Lied: ›Abschied nehmen‹)
- CD ›Das Leben‹ (Single Version) von Udo Lindenberg
- Song ›Candle in the wind‹ von Elton John
- Musik/Lieder von Bocelli, Clapton, Enya

In dem Lied ›Noch ein Leben‹ der Gruppe PUR ist die Rede von einer Person, die sich aus dem 13. Stock eines Hauses gestürzt hat und ihre Freunde in einem Gefühlchaos zurücklässt. Die Musik und der Text sprechen Jugendliche und Erwachsene gleichermaßen emotional an:

›Noch ein Leben‹ (PUR, aus ›Seiltänzertraum‹)

»Ein kalter Schauer jagt mir durch die Haut
aus dem Gedächtnis nie gelöscht.
Warum in jener Nacht
was hast du nur gedacht
was hat die Zweifel weggewischt?
Die tiefe Traurigkeit in dir
dafür fehlte das Gespür
hab ich ganz anders als dein Lächeln
im Trubel übersehn.
›Drachen sollen fliegen‹ war dein Lieblingslied
und in jener Nacht hast du es wahrgemacht
und bist losgeflogen
ganz ohne Flügel aus dem 13. Stock.
Du hast dein Ende selbst gewählt
hast dich mit leben so gequält
doch war das fair? War das nicht feige?
Du gibst keinem mehr 'ne Chance.
Erst wenn dein letzter Vorhang fällt
erst dann verliert die Welt den Mut für dich,
ich wünsch' dir trotzdem alles Gute, da, wo du jetzt bist.
Du warst für jeden Pfeil, schutzloses Ziel,
für diese Welt zu viel Gefühl.
Was war der letzte Tritt
zum allerletzten Schritt
hat dich der Todesrausch verführt?
Dass du die Antwort schuldig bleibst
und so die Trauer nie vertreibst
ist rücksichtslos und tut genau den Falschen,
die dich brauchten, weh.
Zu spät, um dir zu zeigen,
was du hier versäumst,
wie man hofft und träumt,
kannst du dir denn verzeih'n?
Ich wollte keine Drachen fallen, sondern steigen seh'n.
Du hast dein Ende selbst gewählt
hast dich mit leben so gequält
doch war das fair? War das nicht feige?
Du gibst keinem mehr 'ne Chance.

> Erst wenn dein letzter Vorhang fällt
> erst dann verliert die Welt
> den Mut für dich.
> Ich wünsch' dir trotzdem
> alles Gute, da, wo du jetzt bist.
> noch ein Leben
> noch ein Leben
> noch ein Leben mit einer fairen Chance.
> Ich wünsch' dir
> noch ein Leben
> noch ein Leben
> noch ein Leben
> doch du hast nur eine Chance.«

Der Text ist sehr gut geeignet, verschiedene Themen, die in dem Lied angeschnitten werden, mit den Schülerinnen und Schülern zu besprechen, wie z. B.:

- Schuldgefühle der Freunde, die tiefe Traurigkeit des anderen nicht bemerkt zu haben
- Gefühle des Vorwurfs, keine Chance gehabt zu haben, das Leid des anderen zu erkennen
- die Ungewissheit, nicht zu wissen, wie es zum letzten Schritt gekommen sein mag, was ihn letztlich so gequält hat
- die Frage, ob es nicht auch unfair und feige ist, den eigenen Tod zu wählen
- dem Verstorbenen wird dennoch ›ein Leben‹ gewünscht, ein Leben mit einer fairen Chance

Bei allen Aktivitäten muss berücksichtigt werden, dass eine zu lang andauernde und intensive Trauerarbeit zu einer latenten Glorifizierung führen kann. Schülerinnen und Schüler könnten sich mit dem Toten identifizieren und in dessen Handlungsweise auch einen Weg für sich sehen. Die Gefahr der Nachahmung ist groß. Daher sollten die Traueraktivitäten auch nicht ausgedehnt, sondern nach einem ›angemessenen‹ Zeitraum zum schulischen Alltag übergegangen werden.

Eine wichtige Form, vom verstorbenen Klassenkameraden Abschied zu nehmen, ist die Teilnahme an der Trauerfeier oder Beerdigung. Sie hilft den Hinterbliebenen, die Endgültigkeit des Geschehens zu begreifen. Selbstverständlich muss dies vorher mit den Eltern des Schülers abgesprochen werden. Deren Vorstellungen und Wünsche bezüglich der Gestaltung sind für alle maßgeblich und bindend. Die Frage des Abschiednehmens wird in der Klasse erörtert: Wer von den Klassenkameraden hatte den engsten Kontakt zum Schüler? Wer möchte mit zur Beerdigung gehen? Wer nimmt Kontakt mit den Eltern auf?

Die Teilnahme ist allen Lehrern und Schülern freigestellt, sollte aber auch jedem, der dies wünscht, in Absprache mit den Eltern ermöglicht werden. Für Schülerinnen und Schüler, die noch nie an einer Trauerfeier oder Beerdigung teilgenommen haben, ist es erleichternd, zu erfahren, wie so etwas vor sich geht, und die Bestattungsriten der verschiedenen Konfessionen sowie den Ablauf der Zeremonie kennenzulernen (KrisenKompass 2010). Teilnehmende Schülerinnen und Schüler sollten darauf vorbereitet werden, dass es bei ihnen während der Trauerfeier zu Gefühlsausbrüchen kommen kann.

5

Nachsorge

Jeder Schülersuizid – so traurig und schockierend er für alle Betroffenen ist – ist doch für die Schule Anlass und auch Chance zugleich, sich mit dem Thema kognitiv und emotional ausführlich auseinanderzusetzen (Leenaars & Wenckstern 1991, S. 194). Dazu gehört, die Ursachen und Anlässe für Suizid zu kennen sowie die Alarmsignale, die gefährdete Jugendliche aussenden. Die Möglichkeit besteht, mit den Schülerinnen und Schülern über das Thema ›Suizid‹ zu sprechen und Mythen und Vorurteile auszuräumen. Zu diesem Zeitpunkt ist das Interesse der Schüler am Thema groß und kann daher aufgegriffen werden, jedoch mit der allergrößten Sorgfalt und nach vorheriger intensiver fachlicher Vorbereitung.

Das stellt für Lehrkräfte eine Gratwanderung zwischen sachgerechten Informationen über Suizid und einer zu vermeidenden

Normalisierung von Suizidhandlungen dar. Wenn Jugendliche lernen, dass Suizid zur zweithäufigsten Todesart in ihrer Altersgruppe zählt, könnte bei labilen Jugendlichen die Meinung entstehen, dass Suizid auch für sie eine Handlungsoption darstellt. Wenn man zu Recht Suizidenten von der Stigmatisierung befreien möchte und vor Schülern zu sehr betont, dass Suizid keine Schande sei und Menschen, die sich umbringen, nicht egoistisch, schwach oder manipulativ seien, dann besteht unterschwellig die Gefahr der Beschönigung und Verharmlosung. Daher ist es wichtig, dass Lehrkräfte die dem Suizid vorangehende Verzweiflung und seelische Not betonen.

Es muss gut überlegt werden, wie das Unterrichtsthema ›Suizid‹ aufbereitet wird. Einzelheiten über die Wirksamkeit von Suizidmethoden zu diskutieren – viele Schüler fragen danach – sollte vermieden werden. Weiterhin ist es obsolet, würde man über die vielen bekannten Persönlichkeiten und Popstars sprechen, die sich das Leben genommen haben. Stattdessen sollte man mit Schülern über jugendspezifische Krisen und Probleme und über Lösungs- und Unterstützungsmöglichkeiten diskutieren.

Trotz aller Skepsis gegenüber einem ›mit Sicherheit möglichen‹ Erkennen von Suizidalität ist eine intensive Aufarbeitung des Suizidgeschehens mit Lehrkräften und Schülern nach einem erfolgten Suizid unbedingt notwendig. Sie ist mit der Hoffnung verbunden, die Lehrer- und Schülerschaft auf die Problematik aufmerksam zu machen, sie dafür zu sensibilisieren und gleichzeitig auf mögliche Hilfe und Unterstützung hinzuweisen. Auf Letzterem sollte der Fokus der Aufarbeitung liegen. Näher mit Schülern auf die Komplexität des Suizidgeschehens einzugehen, empfiehlt sich nicht, da immer davon ausgegangen werden muss, dass sich in der Klasse psychisch labile Schülerinnen und Schüler befinden, die aus den Gesprächen Anregungen für suizidale Handlungen ziehen könnten.

Viele Schülerinnen und Schüler kennen keine Hilfsmöglichkeiten oder haben Hemmungen, sich jemandem anzuvertrauen und Beratungsstellen aufzusuchen. Durch die Betonung und den Hinweis auf die konkrete Arbeit externer Beratungsstellen und auf Unterstützungsmöglichkeiten auch innerhalb der Schule durch Beratungslehrer, Schulpsychologen und Sozialpädagogen können Gefährdete ermutigt werden, sich Hilfe zu holen. Dazu ist es wichtig, dass die Schülerinnen und Schüler innerschulisch die Namen der Beratungs- und Vertrauenslehrer und/oder der Schulpsychologen kennen und wissen, wann und wo sie diese aufsuchen können. Weiterhin sollten sie die Telefonnummern aller Beratungsangebote für Kinder und Jugendliche innerhalb ihrer Kommune sowie auch im digitalen Netz kennen. Gemeinsam mit den Schülern könnte eine entsprechende Liste zusammengestellt werden (▶ **Tab. 9**).

Tab. 9: Notfallhilfe und Beratungsangebote

Notfallhilfe		
Polizei	Tel. 110 Tel. 112	
Feuerwehr		
Familienberatungsstelle der Caritas		
Familienberatungsstelle der Diakonie		
Schulpsychologischer Dienst		
Psychosozialer Krisendienst		
Kinder und Jugendpsychiatrie		
Schulinterne Helfer		
	Name	Telefonnummer
Beratungslehrer		
Vertrauenslehrer		
Schulpsychologe		
Niedergelassene Kinder- und Jugendpsychologen	1. 2. 3.	

Tab. 9: Notfallhilfe und Beratungsangebote – Fortsetzung

Internetseiten mit Beratungsangeboten für Kinder und Jugendliche	
Onlineberatung der Bundeszentrale f. gesundheitliche Aufklärung	www.drugcom.de
Onlineberatung für Jugendliche, die Probleme mit Eltern, Freunden, der Schule oder mit sich selbst haben	www.bke-beratung.de
Onlineberatung für Jugendliche in Krisensituationen durch Peers (Träger ist der Arbeitskreis Leben e. V.)	www.youth-life-line.de
Onlineberatung für Kinder und Jugendliche zu den Themen Freundschaft, Partnerschaft, Sexualität, Gewalterfahrungen, Drogen und Lebenssinn	www.kids-hotline.de
Onlineberatung für Kinder und Jugendliche zu den Themen Suizidgefährdung, sexueller Missbrauch und Trauma	www.neuhland.de
Die Telefonseelsorge bietet nicht nur unter den Tel.-Nummern 0800–1110111 und 0800–1110222, sondern auch im Internet Beratung an	www.telefonseelsorge.de
Internetangebot für Jugendliche: Selbsttest Informationsangebot	www.fideo.de www.buendnis-depression.de

Das Internetangebot www.fideo.de gibt Schülerinnen und Schülern die Möglichkeit, einen Selbsttest zu machen und zu sehen, ob sich hinter ihren Beschwerden vielleicht eine Depression verbirgt. Der Test ersetzt aber keinen Arztbesuch, sondern sollte bei einem entsprechenden Ergebnis dazu führen, dass Jugendliche ärztliche oder psychologische Hilfe aufsuchen.

Unter www.buendnis-depression.de erhalten Betroffene, Angehörige, Experten und Interessierte Informationen zur Erkrankung ›Depression‹ und zu regionalen Beratungsstellen, Selbsthilfeorganisationen und Ansprechpartnern.

Unter den Online-Beratungsangeboten, die von allen Jugendlichen niedrigschwellig, schriftlich, anonym und kostenfrei genutzt werden können, sind die von Youth-Life-Line besonders hervorzuheben, da sie auf dem Peer-Konzept beruhen, d. h. Jugendliche beraten Jugendliche in Krisen (Weinhardt, Krohn-Grimberghe, Keppler & Jakob 2005). Die ehrenamtlichen Peer-Berater erhalten eine qualifizierte 70-stündige, über mehrere Monate verteilte Schulung zum Krisenbegleiter (Hamann & Schweigert 2013). Sie kennen sich aus in der Lebenswelt von Jugendlichen und können sie lebensnah beraten. Die positive Erfahrung der Inanspruchnahme dieser Website zeigt, dass sich Jugendliche eher Jugendlichen anvertrauen und lieber auf deren Zuspruch hören als auf den von Erwachsenen.

6

Umgang mit suizidgefährdeten Schülerinnen und Schülern

Ob Schülerinnen und Schüler suizidgefährdet sind, ist von Lehrkräften nicht ohne Weiteres zu erkennen, zumal, wenn sie nur wenige Stunden in der Klasse unterrichten. Erschwerend für Lehrkräfte ist das ›Kurssystem‹, in dem Schülerinnen und Schüler aus verschiedenen Klassen in Kursen unterrichtet werden. Um auf gefährdete Schülerinnen und Schüler aufmerksam zu werden, bedarf es einer sensiblen Wahrnehmung und einer vorherigen Beschäftigung und Auseinandersetzung mit dem Thema ›Suizid‹ in Form von kollegiumsinternen Fortbildungen. Fast allen Suiziden von Schülerinnen und Schülern gehen zwar Signale und Hilferufe voraus, aber sie sind nicht immer deutlich vernehmbar. Nach dem Suizid eines Schülers besteht ein erhöhtes

Suizidrisiko bei Freunden des Verstorbenen, Geschwistern, Klassenkameraden und Jugendlichen mit früheren Suizidversuchen, mit Tendenz zu depressiven Reaktionen, mit psychischer Instabilität in der Familie sowie Jugendlichen mit zusätzlichen starken Belastungen.

Dies zu erkennen, sollte das Bemühen von Lehrkräften sein. Aber es ist selbst für Fachleute (Psychiater, Psychologen) nicht leicht, suizidgefährdete Schüler zu diagnostizieren (Chehil & Kutcher 2013). Um wie viel schwieriger ist es dann für Lehrkräfte, Schüler in Not zu erkennen. Sie sind dabei auf ihre Kenntnisse von der Lebenssituation der Jugendlichen (Elternhaus, Trennungssituationen, Krankheiten etc.) und auf ihre Beobachtungsfähigkeit bzgl. des Schülerverhaltens in der Schule angewiesen. Es ist jedoch Lehrkräften bei der Vielzahl der zu unterrichtenden Schülerinnen und Schüler kaum möglich, genaueren Einblick in die Elternhäuser ihrer Schüler zu nehmen und Kenntnisse über eventuelle Krisen zu haben. Es ist auch eher schwierig für sie, Veränderungen in den Verhaltensweisen von Schülern zu erkennen, zumal wenn sie nur wenige Wochenstunden in einer Klasse unterrichten. Trotz dieser Einschränkungen sollten Lehrkräfte und Schüler mit den sog. Risikobefindlichkeiten vertraut gemacht werden, die auf Suizidalität hinweisen (Eink & Haltenhof 2006, S. 51):

- Gefühle der Niedergeschlagenheit und Resignation
- Hilf- und Hoffnungslosigkeit
- Fehlen von Perspektiven und Sinn im Leben
- Ohnmacht und Verzweiflung
- Interesse und Freudlosigkeit
- vermindertes Selbstwertgefühl
- Schuld- und Insuffizienzgefühle
- Selbstvorwürfe und Selbstbestrafungstendenzen
- Ärger und Wut, insbesondere wenn diese Gefühle unterdrückt bzw. gegen die eigene Person gerichtet werden
- gesteigerte Impulsivität

Das heißt jedoch nicht, dass nicht auch nach außen hin unauffällige Jugendliche plötzlich und unversehens Suizid begehen können.

Neben den Risikobefindlichkeiten gibt es Risiko- oder auch Alarmsignale, die von Jugendlichen bewusst oder unbewusst ausgesendet werden, um auf ihre Not aufmerksam zu machen. Es handelt sich dabei um nonverbale Signale wie

- Rückzug aus dem Freundeskreis
- Verschenken liebgewordener Gegenstände
- Zeichnen, Malen von Todessymbolen
- auffälliges Zeigen von Interesse für Todesthemen
- häufiges Weinen
- Aggressivität gegenüber anderen und sich selbst
- Interessensverlust

oder um verbale Signale wie:

- ›Es ist alles so sinnlos.‹
- ›Ich habe keine Lust mehr.‹
- ›Ich will nur noch schlafen.‹
- ›Ich habe keinen Bock mehr.‹
- ›Mir wird alles zu viel!‹
- ›Ich kann nicht mehr.‹
- ›Ich habe keine Lust (keinen Bock) mehr.‹
- ›Am liebsten wäre ich nicht mehr da.‹

Diese Aussagen haben appellativen Charakter und müssen in jedem Fall ernst genommen werden. Die Realität zeigt jedoch, dass sie meistens überhört und/oder übergangen werden. Selbst wenn sich suizidgefährdete Jugendliche ihren Freunden ›unter dem Siegel der Verschwiegenheit‹ anvertrauen, dann stehen diese unter einem Schweigegebot und trauen sich nicht, es zu brechen. Genau diese Problematik gilt es mit Schülern zu besprechen. Schülerinnen und Schüler müssen darüber informiert werden, dass sie solche ›Geheimnisse‹ nicht hüten dürfen, sondern sich unbedingt an Erwachsene (Lehrer, Beratungs-/Vertrauenslehrer, Sozialpädagogen, Eltern, Pfarrer, Schulpsychologen) wenden und sich dort Hilfe holen sollten. Es ist besser, das Leben eines Freundes zu retten und das gegebene Versprechen zu brechen, als zuzusehen, wie er sich das Leben nimmt. Ein Gespräch mit Schülern darüber zu führen, ob es gerechtfertigt ist, das Schweigegebot zu brechen, ist nicht einfach, denn sie werden argumentieren, dass sich ihnen dann suizidgefährdete Freunde nicht mehr anvertrauen würden. Das kann, muss aber nicht so sein. Freunde könnten dem Suizidgefährdeten z. B. sagen, dass sie das Versprechen, es niemandem zu erzählen, nicht für alle Zeiten einhalten könnten und dass sie, wenn sie wirklich sehr beunruhigt wären, sich einer Vertrauensperson anvertrauen und Hilfe holen würden. Das würde dem Suizidgefährdeten zeigen, dass seine Freunde sich um ihn sorgen und ihm helfen möchten.

Suizidgedanken und -fantasien sind im Jugendalter sehr häufig. Manchmal wird damit unter Peers in scheinbar spielerischer Weise umgegangen, d. h. Suizidgedanken werden ausgesprochen, dann wieder lachend zurückgenommen, so dass die dennoch zugrunde liegende Ernsthaftigkeit nicht immer gleich erkannt wird (Juen, Unterluggauer, Kratzer et al. 2008).

Erkennen und Ernstnehmen

Lehrkräfte sollten – wenn möglich – bei Schülerinnen und Schülern auf Stimmungsveränderungen achten, aber auch auf Nachlassen der schulischen Leistungen, wie schlechte Noten, Aufmerksamkeitsprobleme und Schulschwänzen. Wenn Lehrkräfte erfahren, dass Schülerinnen und Schüler Probleme in der Familie haben, wie Trennung oder Scheidung der Eltern, Tod, schwere Krankheit, Suizid von Familienangehörigen oder Freundschaftsabbruch und Trennung von einem Freund/einer Freundin, dann sollten sie achtsam sein, näher auf die Schüler schauen und sie ansprechen. Dasselbe gilt, wenn Lehrkräfte bemerken, dass Schüler sich selbst verletzen (ritzen, stechen, schneiden etc.) oder häufig wegen psychosomatischer Beschwerden (Bauch- und Kopfschmerzen, Müdigkeit) fehlen. Manche Schülerinnen und Schüler entwickeln Essstörungen (Magersucht, Bulimie) oder neigen zu verstärktem Alkohol und Drogenkonsum. All dies können Anzeichen einer beginnenden Suizidalität sein.

Die eigene psychische Not wird – wenn überhaupt – bevorzugt Freunden und Klassenkameraden mitgeteilt. Dennoch könnten Lehrkräfte in Pausengesprächen auf dem Schulhof den einen oder anderen Satz hören, der sie hellhörig werden lassen und zu erhöhter Aufmerksamkeit anregen kann.

Schülerinnen und Schüler, die im Religions- und Philosophieunterricht ein ausgeprägtes Interesse an Fragen des Todes und Sterbens zeigen und sehr oft nach dem Sinn des Lebens fragen, könnten ihren Lehrern auffallen. Schriftliche Äußerungen in Klassenarbeiten, Heften, auf Zetteln, die achtlos auf dem Tisch liegen, sind Hinweiszeichen. Lehrkräfte, die Kunst unterrichten, sollten auf Schüler achten, die mit Vorliebe Bilder von Gräbern, Friedhöfen, Grabsteinen, Kreuzen oder gar Waffen malen und dabei mit Vorliebe schwarze Farben benutzen.

Es kann und soll nicht Aufgabe von Lehrkräften sein, Depressionen oder gar Suizidalität zu diagnostizieren, das ist selbst für Fachleute nicht immer einfach, aber Lehrer sollten auf Veränderungen ihrer Schülerinnen und Schüler achten und diese ernst nehmen. Suizidalität beginnt immer schleichend, daher ist es wichtig, die Anfänge zu erkennen, die sich meistens in Veränderungen gegenüber dem gewohnten Verhalten zeigen. Gut beobachtende und sensible Lehrkräfte nehmen wahr, wie sich Schüler verhalten, sich kleiden, wie sie sprechen und was sie sagen. Das sind beste Voraussetzungen, um suizidgefährdete Schülerinnen und Schüler zu erkennen. Erkennen und Ernstnehmen einer Gefährdung sind die ersten Schritte in der Suizidprävention.

Sprechen und Zuhören

Nimmt eine Lehrkraft bei einem Schüler oder einer Schülerin eine Verhaltensänderung wahr, die sie beunruhigt, gibt es mehrere Möglichkeiten des Vorgehens. Besteht eine vertrauensvolle Beziehung zum Betreffenden, kann die Lehrkraft ein Gespräch mit ihm suchen und das veränderte Verhalten zum Thema machen. Sie sollte ihre Sorge über das wahrgenommene Verhalten ausdrücken und näher nachfragen, z. B.:

- ›Ich mache mir Sorgen über dich.‹
- ›Ich merke, dass dich etwas bedrückt.‹
- ›Was denkst du über dein bisheriges Leben?‹
- ›Wie fühlst du dich?‹

Wichtig ist, dass die Lehrkraft durch offene Fragen den Betreffenden anregt, von sich und seinen Gefühlen und Gedanken zu reden, und ihm dabei gut zuhört. Wie lange sie selbst das Gespräch führt und wann sie den Beratungslehrer einschaltet, hängt von ihrem Vertrauensverhältnis zum betreffenden Schüler ab. Dennoch kann es zweckmäßig sein, den Schüler an den Beratungslehrer oder auch Sozialpädagogen zu übermitteln, da diese normalerweise in Gesprächsführung geschulter sind. Der Beratungslehrer oder Sozialpädagoge wiederum entscheidet, ob und wie lange er das Gespräch mit dem Schüler führen wird und wann er den Schulpsychologen einschaltet. Ein Leitfaden für das Gespräch könnte sein:

- ›Wie siehst und bewertest du deine aktuelle Situation?‹
- ›Wie ist es zu der Situation gekommen?‹
- ›Welche Gedanken und Gefühle sind vorherrschend?‹
- ›Wie sehen deine Eltern die Situation?‹
- ›Was sagen deine Freunde dazu?‹
- ›Wer könnte dich unterstützen?‹
- ›Was müsste sich ändern, damit es dir wieder bessergeht?‹
- ›Was möchtest du am liebsten tun?‹

Im Laufe des weiteren Gesprächs kann derjenige, der das Gespräch führt, dem betreffenden Schüler die konkrete Frage stellen, ob er daran gedacht hätte, sich das Leben zu nehmen. Mögliche Fragen dazu wären:

- ›Hast du in letzter Zeit daran gedacht, dir das Leben zu nehmen?‹
- ›Wie oft denkst du daran?‹
- ›Wie und wo willst du es machen?‹
- ›Hast du es schon einmal versucht?‹
- ›Welche Vorbereitungen hast du bereits getroffen?‹
- ›Mit wem, z. B. einem Freund/einer Freundin, hast du schon darüber gesprochen?‹
- ›Hat sich schon einmal jemand aus deiner Familie oder aus deinem Bekanntenkreis das Leben genommen?‹

Erfahrene Beratungslehrkräfte wissen, dass sie diese Fragen ruhig stellen dürfen, wenn sie das Gefühl und den Verdacht haben, dass sich der Schüler etwas antun will. Eine solche Frage kann den Betreffenden emotional entlasten. Lehrkräfte brauchen nicht zu befürchten, dass sie durch die Fragestellung einen Suizidwunsch im Schüler auslösen. Im Gegenteil: Er fühlt sich verstanden und ist bereit, sich zu öffnen. Wichtig ist die Wertschätzung, die der Person des Schülers entgegengebracht wird, sowie die ruhige und gelassene Haltung der Lehrkraft. Falsch wäre es,

- Vorwürfe zu machen (›Wie kannst du nur so denken!‹),
- die Probleme des Schülers kleinzureden oder zu bagatellisieren (›Kopf hoch, das wird schon wieder.‹),
- Gründe für ein Weiterleben aufzuzählen (›Sieh mal, du hast es doch so gut!‹),
- zu schnell die Orientierung auf positive Veränderungen zu legen,
- das Gespräch durch den Suizidgefährdeten und ohne weitere Absprachen beenden zu lassen.

Es ist wichtig, dass die Lehrkraft sich nicht geschockt zeigt und sich nicht zur Geheimhaltung verpflichten lässt, sondern die Ruhe bewahrt, dem Schüler zuhört und für weitere Gespräche mit ihm in Kontakt bleibt (▶ **Abb. 8**).

6 Umgang mit suizidgefährdeten Schülerinnen und Schülern

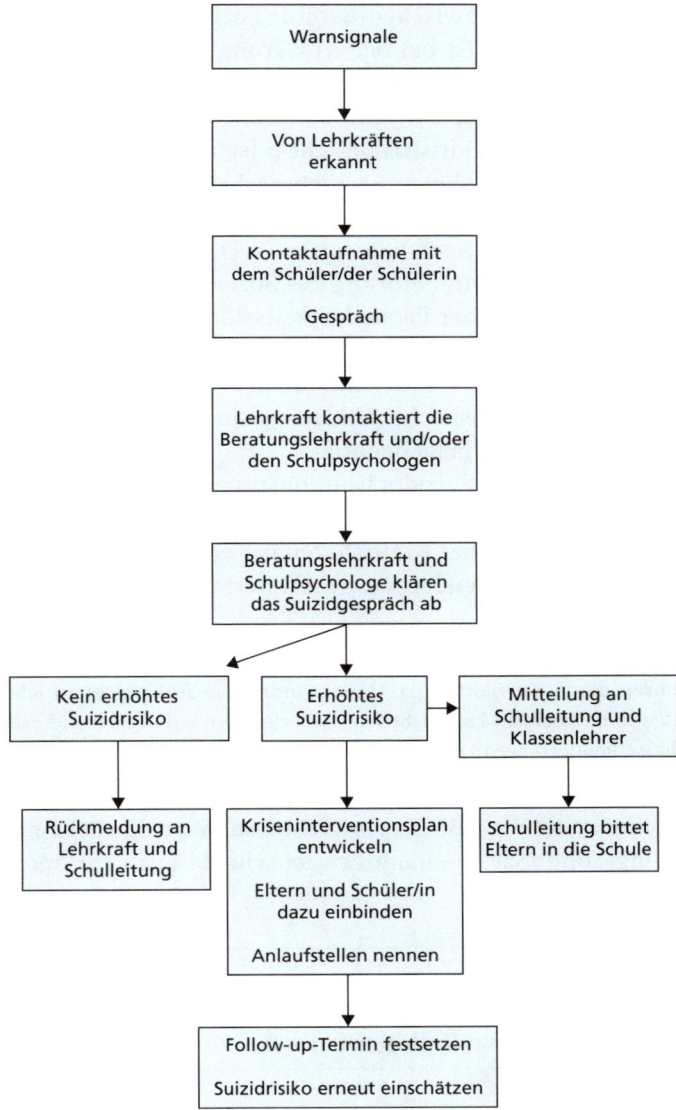

Abb. 8: Ablaufschema bei suizidgefährdeten Schülerinnen und Schülern (nach Fartacek & Plöderl 2011, S. 45)

Die Zusammenarbeit zwischen Beratungslehrkraft/Sozialpädagoge und Schulpsychologe ist bei der Abklärung von Suizidgefährdung sehr wichtig, daher sollten sich Erstere stets an Schulpsychologen wenden, wenn es darum geht, eine so verantwortliche Entscheidung zu treffen, ob ein Suizidrisiko besteht oder nicht. Die Zusammenarbeit mit Schulpsychologen ist auch deshalb so wichtig, weil mit der Suizidgefährdung oft auch andere psychiatrische Erkrankungen (Ko-Morbiditäten) einhergehen, wie z. B. Depressionen, Angststörungen, Substanzkonsum, Störung des Sozialverhaltens, Essstörungen, Schizophrenien oder Persönlichkeitsstörungen.

Schulpsychologen stellen für Lehrkräfte eine wichtige Anlaufstelle dar, um sich Rat zu holen und um gemeinsam zu entscheiden, welche weitere diagnostische Abklärung und therapeutische Hilfe der betreffende Jugendliche benötigt.

Im österreichischen Suizidpräventionsprogramm ›lebenswert‹ von Fartacek & Plöderl (2011) gibt es die *ABS*-Regel, die bewusst an das Anti-Blockier-System bei Kraftfahrzeugen erinnern soll. Die Regel wird den Schülern folgendermaßen erläutert (Plöderl 2010, S. 150):

> »ABS kannst du dir leicht merken. Es ist das gleiche wie das ABS-System (Anti-Blockier-System) bei einem Auto. Das ABS verhindert, dass beim Bremsen die Räder blockieren. Damit kommt ein Auto nicht so leicht ins Schleudern. Auch du kannst helfen, dass dein Freund oder deine Freundin nicht ›schleudert‹, wenn er oder sie Probleme hat. Schon ein Warnsignal oder deine Sorge um einen Menschen genügen, um die ABS-Regel anzuwenden.«

Für Schüler lautet die ABS-Regel: ›*A*chte auf Warnsignale!‹, ›*B*leib in Beziehung!‹ und ›*S*ag es einem Erwachsenen!‹. Für Lehrkräfte lautet sie:

- ›*A*chten Sie auf Warnsignale!‹
- ›*B*leiben Sie in Beziehung!‹
- ›*S*agen Sie es einem Kollegen/einer Beratungslehrkraft!‹.

Fragen nach dem ›*Warum*‹ sollten vermieden werden, weil Schüler erfahrungsgemäß darauf keine Antwort geben können, da die

Ursachen für ihr Erleben und Verhalten komplex sind. Stattdessen könnte nach dem ›Wozu‹ gefragt werden, um Ziele und Absichten zu klären, die zukunfts- und nicht rückwärtsgerichtet sind (Kamm, Jehli & Wiesner 2000).

Handeln und Weitervermitteln

Der Zeitpunkt, wann Lehrkräfte sich mit den Eltern eines Schülers in Verbindung setzen müssen (sollten), ist nicht genau festgelegt. Es kann jedoch eine Entscheidung von großer Tragweite sein. Einerseits darf das Vertrauen zum Schüler nicht verlorengehen, andererseits müssen Lehrkräfte aber auch ihrer Verpflichtung nachkommen, Eltern dann zu informieren, wenn sie einen Verdacht auf Suizidgefährdung hegen. Lehrkräfte sollten sich auf keinen Fall von einem Schüler zur Geheimhaltung verpflichten lassen. Sie müssen ihre Entscheidung in aller Offenheit mit ihm besprechen und ihm klar und deutlich sagen, dass sie spätestens dann die Eltern benachrichtigen und auch Fachleute einbinden werden, wenn sie den Eindruck haben, dass ein hohes Risiko besteht.

Auch bevor klinische Tests zur Abklärung des Suizidrisikos von Schulpsychologen durchgeführt werden, muss vorher die Einwilligung der Eltern eingeholt werden. Diese haben – gerade in so sensiblen Fragen wie Verdacht auf Suizid und Suizidabklärung – ein Anrecht darauf, informiert zu werden. Die partnerschaftliche Zusammenarbeit mit Eltern ist in diesem Punkt von großer Bedeutung.

Im österreichischen Suizidpräventionskonzept ›lebenswert‹ von Fartacek und Plöderl (2011) sind alle Eltern der Schule über das Vorgehen informiert worden und haben ihre Einwilligung zur Durchführung gegeben. Das gibt den österreichischen Beratungslehrern die Möglichkeit, Fragebögen bei einem Schüler einzusetzen, bei dem sie eine Depression aufgrund seines veränderten Verhaltens vermuten, z. B. die Depressionsskala für Jugendliche (KADS) von Kutcher (2008), übersetzt von Plöderl (2011, S. 17).

In Deutschland ist es Beratungslehrkräften nicht ohne Weiteres erlaubt, objektive und standardisierte klinische Tests zur Abklärung der Suizidgefährdung einzusetzen. Dies bleibt Therapeuten und Schulpsychologen vorbehalten, allenfalls wäre es in Zusammenarbeit mit Schulpsychologen nach vorheriger Einwilligung der Eltern möglich.

Die Gespräche der (Beratungs-)Lehrkräfte mit suizidgefährdeten Schülerinnen und Schülern haben zwar therapeutischen Charakter, aber sind keine Therapie. Der therapeutische Charakter besteht in der Kommunikation, dem Kontakt und dem Vertrauensverhältnis zum Schüler, aber die Gespräche ersetzen keine professionelle psychologische Beratung oder Behandlung. Professionelle Hilfe zu vermitteln, ist nicht immer einfach, da Jugendliche sich nicht gerne helfen lassen wollen und ihre Probleme am liebsten ›herunterspielen‹, wenn sie darauf angesprochen werden. Jugendliche gehören zu einer beratungsaversiven Altersgruppe. Fragt man sie, was sie davon abhält, sich professionelle Hilfe zu holen, sagen sie häufig (nach Hawton, Rodham & Evans 2008, S. 106 ff.):

- ›Ich will alleine damit fertig werden.‹
- ›Ich will keine Hilfe.‹
- ›Ich habe nicht das Gefühl, dass meine Probleme wichtig genug sind.‹
- ›Es ist *mein* Problem, ich will auf *meine Weise* damit fertig werden.‹
- ›Ich schäme mich.‹
- ›Ich möchte nicht, dass andere Menschen sich um mich Sorgen machen.‹
- ›Ich habe nicht das Gefühl, dass mir irgendjemand helfen könnte.‹

Zwei Drittel der Jugendlichen scheuen sich, externe Hilfe anzunehmen, wenn sie sich belastet fühlen, Stressoren ausgesetzt sind und sich mit Suizidgedanken tragen. Dies trifft ganz besonders auf männliche Jugendliche zu, die noch weniger als weibliche Jugendliche Unterstützung suchen und Hilfsangebote wahrnehmen (Klimes-Dougan, Klingbeil & Meller 2013).

Was hindert Jugendliche daran, sich beraten zu lassen? Warum fällt es ihnen so schwer, sich helfen zu lassen? Was hält Jugendliche davon ab, sich Erwachsenen anzuvertrauen? Warum unterlassen es gute Freunde, Hilfe und Unterstützung zu holen, wenn ihnen auffällt, dass es ihrem Freund psychisch schlechtgeht und er sogar von Suizidplänen spricht? Diese Fragen wurden von Cigularov, Chen, Thurber et al. (2008) untersucht. Sie befragten 854 Schülerinnen und Schüler einer High School in Colorado. Es zeigte sich, dass ›Help-Seeking-Behavior‹ von Jugendlichen mit folgenden Gefühlen gleichgesetzt wird:

- Unvollkommenheit
- Inkompetenz
- Peinlichkeit
- Abhängigkeit
- Furcht vor Stigmatisierung

Jugendliche befürchten, für psychisch krank gehalten zu werden. Sie haben Angst vor Stigmatisierung, Spott, Diskriminierung und sozialer Ausgrenzung. Sie wollen nicht als hilfsbedürftig angesehen werden. Sie haben den hohen Anspruch an sich selbst, mit Problemen alleine fertig zu werden. »Offen über Suizidgedanken zu sprechen«, geht »mit heftigen Gefühlen der Scham« einher. Sie leiden lieber im Stillen, als dass sie sich jemandem offenbaren (Chehil & Kutcher 2013, S. 16). Selbst wenn sie sich ihren besten Freunden anvertrauen, führt das noch nicht dazu, dass sie externe Hilfen annehmen.

Sie bezweifeln, dass andere ihnen helfen können. Manche Jugendliche haben schlechte Erfahrungen mit Erwachsenen gemacht, deren Hilfe sie in Anspruch genommen hatten. Die wenigsten Jugendlichen suchen von sich aus therapeutische Hilfe. Der Zugang zu Therapeuten erfolgt oft fremdgesteuert (z. B. auf Drängen der Eltern).

Nichts fürchten Jugendliche so sehr wie eine Unterbringung in der Psychiatrie. Ihre große Angst ist, dass sie dann nicht mehr Herr ihrer Entscheidungen wären und ihre Selbstständigkeit und Autonomie verlören. Außerdem würde durch die Aufnahme einer Therapie deutlich, dass sie sich von psychisch gesunden Gleichaltrigen unterscheiden, und das möchten sie nicht. Hinzu kommt, dass psychische Krankheiten besonders bei Jugendlichen mit einem starken Stigma belegt sind. Aus diesen Gründen spielen sie häufig die Schwere ihrer psychischen Not herunter.

Befragungen von Therapeuten in den USA ergaben, dass sich die Behandlungsdauer bei niedergelassenen Psychotherapeuten durchschnittlich auf nur acht Sitzungen in den ersten drei Monaten nach erfolgter Krankenhauseinweisung belief. Ca. 18 Prozent der Jugendlichen beendeten die Behandlung vorzeitig und gegen den Rat der Therapeuten (Kapusta, Fegert, Haring & Plener 2014).

Zusätzlich zu diesen Erkenntnissen haben Cigularov, Chen, Thurber et al. (2008) herausgefunden, dass es vielen Jugendlichen an Fertigkeiten fehlt, mit Erwachsenen (z. B. Eltern, Lehrern) adäquat zu kommunizieren. Viele wissen nicht, wie sie über ihre Probleme sprechen sollen, und verschweigen sie daher lieber. Dies ist dann umso mehr der Fall, wenn Vertrauen und Nähe zu ihnen fehlen.

Warum sorgen Freunde nicht für Hilfe und Unterstützung, selbst dann nicht, wenn sie die Gefährdung wahrnehmen? Freunde von depressiven und suizidalen Jugendlichen wissen oft nicht, wie sie mit dem ihnen anvertrauten Problem umgehen und wem sie sich ihrerseits offenbaren können. Sie möchten weder ihr Schweigeversprechen brechen noch ihre Freundschaft aufs Spiel setzen. Sie fühlen sich zu Stillschweigen verpflichtet (Juen, Unterluggauer, Kratzer et al. 2008). Häufig unterschätzen sie auch die Gefährdung des Freundes und glauben nicht, dass er sich wirklich umbringen würde. Sie nehmen die Alarmzeichen nicht ernst genug. Aber selbst wenn sie diese ernst nähmen und erwägen würden, Erwachsene einzuschalten, fürchten sie, dass der Freund dann in die Psychiatrie käme. Also unterlassen sie das und beruhigen sich mit dem Gedanken, dass es nicht so schlimm um den Freund bestellt sei.

Die schwierige Aufgabe besteht für Lehrkräfte darin, Jugendliche zu motivieren, Hilfe anzunehmen. Manchen Lehrkräften gelingt das, indem sie Jugendlichen genau erklären, wie ein psychologisches oder psychiatrisches Gespräch abläuft, und ihnen so die Scheu und Angst davor nehmen. Andere Lehrkräfte schlagen vor, den Jugendlichen zur ersten Sitzung zu begleiten bzw. einen Termin zu machen. Letzteres setzt in jedem Fall voraus, vorher die Eltern zu benachrichtigen. Aber genau das lehnen Jugendliche oft ab, und sie versuchen, die Lehrkraft zum Schweigen zu verpflichten, worauf sich Lehrkräfte aber nicht einlassen sollten.

Handeln und Weitervermitteln stellt für Lehrkräfte manchmal harte Überzeugungsarbeit dar. Gelingt es ihnen, den Schüler zu überzeugen, Hilfe anzunehmen, geht es in einem weiteren Schritt darum, die für den Schüler bestmögliche Anlaufstelle zu finden. Auch das kann nur im Einvernehmen mit dem Jugendlichen und dessen Eltern geschehen. Es gilt abzuwägen, ob ein Schulpsychologe/Klinischer Psychologe oder ein Jugendpsychiater die weitere Diagnostik und Therapie übernehmen soll. Um diese Frage beantworten zu können, ist es wichtig, dass Schulen ein Netzwerk von Hilfemöglichkeiten und Anlaufstellen geknüpft haben. Es hat sich auch als sehr günstig erwiesen, wenn Schulen schon einmal Experten eingeladen haben, über ihre Arbeit zu berichten. So können sie sich auf Erfahrungen berufen und diese weitergeben. Besteht eine enge Zusammenarbeit mit Schulpsychologen, können auch diese helfen, die richtige Anlaufstelle zu finden.

VI

Zusammenfassung

VI Zusammenfassung

Suizide sind seltene Ereignisse, und doch nehmen sich in Deutschland jährlich durchschnittlich 187 männliche und 58 weibliche Jugendliche im Alter von 10 bis 20 Jahren das Leben. Sie führen die Tat in einem Zeitabschnitt aus, in dem sie Schülerinnen und Schüler sind, so dass es gerechtfertigt ist, von ›Schülersuiziden‹ zu sprechen. Die Mehrzahl von ihnen hat längere Zeit vor der Tat unter psychischen Problemen gelitten. Dies ist das Zeitfenster, das Lehrkräften die Möglichkeit bietet, Warnsignale wahrzunehmen, eine Gefährdung zu erkennen und daraufhin zu handeln. Doch es ist nicht allen Lehrerinnen und Lehrern ohne Weiteres gegeben, auf psychisch kranke Schülerinnen und Schüler aufmerksam zu werden sowie eine mögliche Gefährdung wahrzunehmen und daraufhin besonnen zu handeln. Das gelingt nur denjenigen, die sich mit dem Thema ›Suizid‹ intensiv befasst haben. Eine umfassende Fortbildung von Lehrkräften ist eine Voraussetzung, um suizidgefährdete Schülerinnen und Schüler rechtzeitig zu erkennen und um professionell auf den Notfall eines Schülersuizids zu reagieren.

In Deutschland gibt es kaum schulbasierte Suizidpräventionsprogramme. Einer der Gründe liegt in der vielfach vorhandenen Skepsis und Befürchtung, dass durch ein Ansprechen der Suizidproblematik in Schulklassen Suizide unter Schülern ausgelöst werden können. Diese Furcht ist insofern berechtigt, als Lehrkräfte nicht wissen und auch nicht wissen können, wie es einzelnen Schülerinnen und Schülern in ihren Klassen psychisch geht, unter welchen augenblicklichen Belastungen sie stehen oder welche psychischen Krisen sie gerade durchlaufen. Die Auflösung von Klassenverbänden und das Unterrichten der Fächer in Kurssystemen mit jeweils anderer Schülerzusammensetzung erschwert es Lehrkräften erheblich, genauere Kenntnisse über die psychische Gesundheit und den familiären Hintergrund ihrer Schülerinnen und Schüler zu haben. Hinzu kommt, dass nicht alle suizidalen Schülerinnen oder Schüler gut erkennbare Signale von sich geben. Selbst wenn die Anzeichen für ihre psychische Not deutlich wären, ist es nicht allen Lehrkräften möglich, vor allem bei fehlender Schulung und Fortbildung, diese zu erkennen.

Diese Bedenken dürfen jedoch nicht dazu führen, dass Schulen resignieren und das Problem ignorieren, denn wenn ein Schülersuizid geschieht, ist die gesamte Schule aufgefordert, professionell zu handeln. ›Notfallpläne‹, ›Handbücher für den Umgang mit Tod und Trauer in der Schule‹ und ›Leitfäden für das Verhalten nach einem Suizid‹ weisen ihr zwar den Weg, aber diese Hinweise sind keine Präventionsprogramme im eigentlichen Sinn.

Der Blick auf angloamerikanische Suizidpräventionsprogramme hat gezeigt, dass Skepsis gegenüber Suizidpräventionsprogrammen durchaus berechtigt ist und dass in angloamerikanischen Ländern nach einer anfänglichen Euphorie bezüglich ihrer Wirkung Ernüchterung eingetreten ist. Allgemeine kritische Einwände beziehen sich u. a. auf unrealistische Zielsetzungen vieler Programme, nicht erreichte Ziele, fehlende Evaluationen und fehlende Kriterien für Wirksamkeit.

Viele Fragen, wie die, welches erreichbare Ziele von Suizidpräventionsprogrammen sind – Reduktion der Anzahl der erfolgten Suizide, Wissenszuwachs der Schülerinnen und Schüler über die komplexe Thematik oder ihre größere Bereitwilligkeit, Hilfen anzunehmen – bleiben offen. Ebenfalls ungeklärt ist die Frage, die auch Evaluationsexperten vor Probleme stellt, woran die Effektivität eines Programms gemessen werden soll. Schulen sind hochkomplexe Systeme, in die unkontrollierbare Einflüsse von außen (Familie, Peers) hineinwirken, zwischen denen es viele Wechselwirkungen gibt.

Von vielen Autoren wird zwar betont, dass – bei professionellem Einsatz – Suizidpräventionsprogramme bis jetzt keine Suizide ausgelöst hätten, aber die Sorge, dass Lehrkräfte auch ohne spezielle Fachkenntnisse über Suizidalität und Suizid mit ihren Schülern reden, besteht weiterhin. Die entscheidende Frage ist, wer die Professionalität der Lehrkräfte garantiert. In Deutschland fehlen – anders als in den USA – verbindliche Richtlinien. Es bleibt Lehrkräften überlassen, das Thema anzusprechen. Es wird jedoch kein Nachweis darüber verlangt, dass sie sich in die besondere Problematik des Themas eingearbeitet haben.

Die Schlussfolgerungen, die für Deutschland aus den zahlreichen angloamerikanischen ›systematic reviews‹ zu Suizidpräventionsprogrammen gezogen werden können, lauten: Abkehr von einseitigen Programmen, die Suizid und Suizidgefährdung in den Mittelpunkt stellen, und Hinwendung zu Programmen, die das gesamte Lebensumfeld der Schülerinnen und Schüler in den Blick nehmen und deren Lebensfreude und Wohlbefinden stärken. Die Tendenz schulischer suizidpräventiver Maßnahmen sollte in Richtung Lebenskompetenzprogramme gehen, die das Thema ›Suizid‹ in die Förderung der psychischen Gesundheit einbetten.

Das aktuelle österreichische Suizidpräventionsprogramms ›lebenswert‹ von Plöderl, Fartacek & Fartacek (2010) realisiert zwar Prinzipien der Gesundheitsförderung, indem es Lebenskompetenzen stärkt und alle Ebenen – Eltern, Schüler, Lehrer, Schulleitung und außerschulische Institutionen – mit einbindet, aber es fokussiert dennoch sehr stark auf Themen wie Suizid, Depression und Suizidgefährdung. Es lehnt sich sehr stark an das amerikanische ›SOS Suicide Prevention Program‹ an. Auch fehlen fundierte Evaluationen, als Wirksamkeitskriterien werden nur Rückmeldungen von Schülern und Lehrern angegeben.

Das ursprünglich australische, aber an deutsche Verhältnisse adaptierte MindMatters-Programm (2011) dagegen basiert stärker auf dem salutogenen Gedanken und dem Ressourcen-Ansatz und ist mit einem ganz neuen Verfahren, dem Q^{GPS}-Verfahren (Dadaczynski & Witteriede 2013), zum Teil schon evaluiert worden. Mit der Anwendung dieses Verfahrens (Qualitätsentwicklung *g*esundheitsbezogener *P*rogramme in *S*chulen) erfüllt MindMatters wichtige Kriterien der Wirksamkeitsmessung und eröffnet neue Möglichkeiten, die Qualität gesundheitsbezogener Programme mit den vier Dimensionen der Konzept-, Struktur-, Prozess- und Ergebnisqualität zu erfassen.

Kernbestandteile schulischer Fördermaßnahmen – so wie es das Konzept MindMatters vorsieht – sind:

- Förderung eines guten Schulklimas
- Förderung einer positive Bindung der Schüler an ihre Schule

- Stärkung des Selbstwertgefühls der Schüler
- Stärkung ihrer Fähigkeit, dem Leben einen Sinn zu geben
- Stärkung ihrer Fähigkeit, Probleme zu lösen
- Sensibilisierung und Fortbildung aller Lehrkräfte zum Thema Suizid
- Entwicklung von Krisennotfallplänen
- Zusammenarbeit mit Eltern und professionellen Helfern
- Bildung eines Netzwerks von Hilfesystemen

MindMatters-Materialien werden langfristig und unterrichtsbegleitend eingesetzt. Damit erfüllt das Programm die Forderung der Nachhaltigkeit. Eine intensive Fortbildung von Lehrkräften und Eltern zum Thema Suizidalität und Suizid wird gefordert sowie die Zusammenarbeit von Schule und Elternhaus und die Vernetzung von Schulen mit psychologischen und ärztlichen Hilfesystemen angestrebt. Das sind beste Voraussetzungen dafür, suizidale Jugendliche frühzeitig zu erkennen und ihnen Hilfe und Unterstützung anzubieten. Eine Garantie dafür gibt es allerdings nicht, genauso wenig wie dafür, dass Jugendliche die Hilfen auch tatsächlich annehmen.

Die ›postventiven Interventionen‹ nach einem erfolgten Suizid haben eine große Bedeutung für die Aufarbeitung des Geschehens. Alle Schulen sollten unter Zuhilfenahme der Notfallpläne und Richtlinien für den Umgang nach einem Suizid Leitlinien für den Ernstfall entwickeln. Alle wohlüberlegten schulischen Anstrengungen und professionell durchgeführten Maßnahmen sind wesentliche Bausteine auf dem Weg zum Ziel einer die Gesundheit fördernden Schule.

Suizidalität ist ein komplexes psychosoziales Geschehen, das nicht mit einfachen didaktischen Konzepten in der Schule zu lösen ist, sondern Achtsamkeit und Feingefühl im Umgang mit suizidalen Jugendlichen erfordert. Jeder Suizid eines Schülers stellt Schulen vor eine außerordentliche Krisen- und Notfallsituation, die durch ihr plötzliches und unerwartetes Auftreten nicht nur das momentane psychische Gleichgewicht aller Familienmitglieder, sondern auch aller Schulmitglieder stört und stark beeinträchtigt. Schule ist daher gefordert, im Rahmen ihrer Möglichkeiten dieses durch eine professionell durchgeführte Kriseninter- und Postvention wiederherzustellen. Beide – sowohl Intervention als auch Postvention – können zu einer wirkungsvollen Prävention beitragen.

Literatur*

Abel, U. & Hautzinger, M. (2013): Kognitive Verhaltenstherapie bei Depressionen im Kindes- und Jugendalter. Berlin, Heidelberg: Springer.
American Foundation for Suicide Prevention/Suicide Prevention Resource Center (Hrsg.) (2011): After a Suicide. A Toolkit for Schools. Newton, MA: Education Development Center, Inc. http://www.sprc.org/sites/sprc.org/¬files/library/AfteraSuicideToolkitforSchools.pdf (Stand: 3.9.2014).
Apter, A./Bursztein, C./Bertolote, J.M./Fleischmann, A. & Wasserman, D. (2009): Suicide on all the continents in the young. In: Wasserman, D. & Wasserman, C. (Eds.): Oxford Textbook of Suicidology and Suicide Prevention. Oxford: University Press, S. 621–628.
Apter, A./Krispin, O. & Bursztein, C. (2009): Psychiatric disorders in suicide and suicide attempters. In: Wasserman, D. & Wasserman, C. (Eds.): Oxford Textbook of Suicidology and Suicide Prevention. Oxford: University Press, S. 653–660.
Bartik, W./Maple, M./Edwards, H. & Kiernan, M. (2013): Adolescent Survivors After Suicide: Australian Young People's Bereavement Narratives. *Crisis: The Journal of Crisis Intervention and Suicide Prevention, 34 (3) 211–217.*
Bründel, H. (2012): Wenn das Unvorstellbare geschehen ist: Suizid eines Schülers. *SchulVerwaltung, SchVw NI,. Zeitschrift für Schulleitung und Schulaufsicht, 23 (9), 239–240.*
Brunstein Klomek, A./Krispin, O. & Apter, A. (2009): Suicidal behaviour in children and adolescents in different clinical settings. In: Wasserman, D. & Wasserman, C. (Eds.): Oxford Textbook of Suicidology and Suicide Prevention. Oxford: University Press, S. 629–632.
Brunstein Klomek, A./Sourander, A. & Gould, M.S. (2011): Bullying and Suicide. *Psychiatric Times, 28 (2).* http://www.psychiatrictimes.com/suicide/¬bullying-and-suicide (Stand: 19.2.2014)

---

* Die hier nicht aufgeführte Literatur können Sie unter folgendem Link kostenfrei herunterladen: http://downloads.kohlhammer.de/?isbn=978-3-17-025886-0; Passwort: lfu3zme

Bundesministerium für Familie, Senioren, Frauen und Jugend (BMFSFJ) (Hrsg.) (2012): Familienreport 2012. Leistungen – Wirkungen – Trends. Berlin.

Chehil, S. & Kutcher, St. (2013): Das Suizidrisiko. Abschätzung der Suizidgefahr und Umgang mit Suizidalität. Bern: Huber.

Cusimano, M.D. & Sameem, M. (2011): The effectiveness of middle and high school-based suicide prevention programmes for adolescents: a systematic review. Injury prevention: Journal of the International Society for Child and Adolescent Injury Prevention, 17 (1) 43–49.

Dadaczynski, K. & Witteriede, H. (2013): Das QGPS-Verfahren. Qualitätsentwicklung gesundheitsbezogener Programme in Schulen. Göttingen: Vandenhoeck & Ruprecht.

Eink, M. & Haltenhof, H. (2012): Basiswissen: Umgang mit suizidgefährdeten Menschen. 4. Aufl. Bonn: Psychiatrie Verlag.

Fartacek, R. & Plöderl, M. (2011): Suizidprävention in Schulen. Informationen für Schulleitungen, Projektorganisatoren, BeratungslehrerInnen. Salzburg: Eigenverlag Pädagogische Hochschule.

Felder-Puig, R. (2011): Ist schulische Gesundheitsförderung bzw. die Gesundheitsfördernde Schule »wirksam«? In: Dür, W. & Felder-Puig, R. (Hrsg.): Lehrbuch Schulische Gesundheitsforschung. Bern: Huber, S. 291–299.

Feltz-Cornelis van de, Ch.M./Sarchiapone, M./Postuvan, V./Volker, D. et al. (2011): Best Practice Elements of Multilevel Suicide Prevention Strategies. A Review of Systematic Reviews. *Crisis: The Journal for Crisis Intervention and Suicide Prevention, 32 (6), 319–333.*

Fuller-Thompson, E. & Dalton, A.D. (2011): Suicidal ideation among individuals whose parents have divorced: findings from a representative Canadian community survey. *Journal of Psychiatry Review, 15, 187 (1–2), 150–155.*

Hamann, St. & Schweigert, N.-M. (2013): Ein Praxisbericht aus der Suizidprävention an Schulen mit Beteiligung von Peers. *Suizidprophylaxe, 40 (1), 23–27.*

Horowitz, L.M./Ballard, E.D. & Pao, M. (2009): Suicide screening in schools, primary care and emergency departments. *Current opinion in pediatrics: review articles; recommended reading; bibliography of the world literature, 21, 620–627.*

Hurrelmann, K. & Quenzel, G. (2012): Lebensphase Jugend. Eine Einführung in die sozialwissenschaftliche Jugendforschung. 11., vollständ. überarb. Auflage. Weinheim und Basel: Beltz und Juventa.

Huss, M. (2012): Depressionen im Kindes- und Jugendalter. *Monatsschrift Kinderheilkunde, 160 (1), 40–60.*

Isaac, M./Elias, B./Katz, L.Y. et al. (2009): Gatekeeper Training as a Preventative Intervention for Suicide: A Systematic Review. *Canadian Journal of Psychiatry, 54, 260–268.*

JIM-Studie (2012): Jugend, Information, (Multi-)Media. Basisuntersuchung zum Medienumgang 12- bis 19-Jähriger in Deutschland. Hrsg. vom Medienpädagogischen Forschungsverbund Südwest. Stuttgart.

Juen, B./Unterluggauer, K./Kratzer, D. & Warger, R. (2008): Suizidalität im Jugendalter: Akutsituation und Besonderheiten der suizidalen Entwicklung im Jugendalter. *Suizidprophylaxe, 34 (2), 70–73.*

Jugert, G./Rehder, A./Notz, P. & Petermann, F. (2014): Fit for Life. Module und Arbeitsblätter zum Training sozialer Kompetenzen für Jugendliche. 10. Aufl. Beltz/Juventa: Weinheim, München, Basel.

Kaess, M. (2012): Selbstverletzendes Verhalten. Entwicklungsrisiken erkennen und behandeln. Weinheim, Basel: Beltz.

Kapusta, N.D./Fegert, J.M./Haring, Ch. & Plener, P.L. (2014): Psychotherapeutische Interventionen bei suizidalen Jugendlichen. *Psychotherapeut, 59, 16–23.*

Karutz, H. (2010): Notfälle in Schulen. Prävention, Intervention und Nachsorge. Edewecht: Stumpf + Kossendey.

Kast, V. (2013): Trauern. Phasen und Chancen. Freiburg: Kreuz Verlag.

King, R.A. (2009): Psychodynamic and family aspects of youth suicide. In: Wasserman, D. & Wasserman, C. (Eds.): Oxford Textbook of Suicidology and Suicide Prevention. Oxford: University Press, S. 643–651.

Klimes-Dougan, B./Klingbeil, D.A. & Meller, S.J. (2013): The Impact of Universal Suicide Prevention Programs on the Help-Seeking Attitudes and Behaviors of Youths. *Crisis: The Journal for Crisis Intervention and Suicide Prevention, 34 (2), 82–97.*

Koll, K./Rudolph, J. & Thimme, H. (2011): Schock im Schulalltag! Handlungspläne für Krisensituationen (Alle Klassenstufen). Lichtenau: AOL.

Lizardi, D./Thompson, R.G., Keyes, K. & Hasin, D. (2009): Parental divorce, parental depression, and gender differences in adult offspring suicide attempt. *Journal of Nervous and Mental Disease, 197 (12), 899–904.*

Mann, J.J./Apter, A./Bertolote, J./Beautrais, A. et al. (2005): Suicide Prevention Strategies. A Systematic Review. *JAMA: The Journal of the American Medical Association, 294 (16), 2064–2074.*

Mark, L./Samm, A./Tooding, L-M./Sisask, M./Aasvee, K./Zaborskis, A./Zemaitiene, N. & Värnik, A. (2013): Suicidal Ideation, Risk Factors, and Communication With Parents. *Crisis: The Journal of Crisis Intervention and Suicide Prevention, 34 (1), 3–12.*

Miller, D.N. & Eckert, T.L. (2009): Youth Suicidal Behavior: An Introduction and Overview. *School Psychology Review, 38 (2), 153–167.*

MindMatters-Materialien (2011). Hrsg. von der Barmer GEK, dem Gemeindeunfallversicherungsverband Hannover und der Unfallkasse Nordrhein-Westfalen. Leuphana Universität Lüneburg.

Nieskens, B./Heinold, F. & Paulus P. (2011): MindMatters: Gemeinsam(es) Lernen mit Gefühl. Eine Ressource zur Förderung sozial-emotionaler Kompetenzen in der Primarstufe. Leuphana Universität Lüneburg.

Owens, Ch./Owen, G./Belam, J./Lloyd, K. et al. (2011): Recognising and responding to suicidal crisis within family and social networks: a qualitative study. British Journal of Medicine (BMJ), 1–9. http://www.bmj.com/content/343/¬bmj.d5801 (Stand: 3.9.2014).

Paulus, P. & Dadaczynski, K. (2010): Psychische Gesundheit in der Ganztagsschule. Expertise erarbeitet im Auftrag des Bundesministeriums für Gesundheit. Leuphana Universität Lüneburg.

Pinquart, M. & Silbereisen, R.K. (2014): Prävention und Gesundheitsförderung im Jugendalter. In: Hurrelmann, K./Klotz, Th. & Haisch, J. (Hrsg.): Lehrbuch Prävention und Gesundheitsförderung. 4., vollst. überarb. Aufl. Bern: Huber, S. 70–79.

Plöderl, M./Fartacek, H. & Fartacek, R. (2010): lebenswert – Ein schulisches Suizidpräventionsprogramm. *Suizidprophylaxe: Theorie und Praxis, 37 (4), 148–154.*

Rauchfuß, K. & Knierim, K. (2011): Selbstgefährdung im Internet und Web 2.0. *Psychotherapie im Dialog (PID), 2, Jg. 12, 137–142.*

Reis, C. & Cornell, D. (2008): An Evaluation of Suicide Gatekeeper Training for School Counselors and Teachers. *ASCA Professional School Counceling, 11, 386–393.*

Remschmidt, F./Schmidt, M.H. & Poustka, F. (Hrsg.) (2012): Multiaxiales Klassifikationsschema für psychische Störungen im Kindes- und Jugendalter nach ICD-10 der WHO. 6., korr. Aufl., Bern: Hogrefe.

Robinson, J./Hetrick, S.E. & Martin, C. (2011): Preventing suicide in young people: systematic review. *Australian and New Zealand journal of psychiatry, 45, 3–26.*

Robinson, J./Yuen, H.P./Martin, C./Hughes, A. et al. (2011): Does Screening High School Students for Psychological Distress, Deliberate Self-Harm, or Suicidal Ideation Cause Distress – And Is It Acceptable? *Crisis: The Journal for Crisis Intervention and Suicide Prevention, 32 (5), 254–263.*

Robinson, J./Cox, G./Malone, A./Williamson, M. et al. (2013): A Systematic Review of School-Based Interventions Aimed at Preventing, Treating, and Responding to Suicide-Related Behavior in Young People. *Crisis: The Journal for Crisis Intervention and Suicide Prevention, 34 (3), 164–182.*

Roscoät du, E. & Beck, F. (2013): Efficient interventions on suicide prevention: A literature review. *Revue d'Epidémiologie et de Santé Publique, 61, 363–374.*

Rupp, M. (2010): Notfall Seele. Ambulante Notfall- und Krisenintervention in der Psychiatrie und Psychotherapie. 3., aktual. u. erw. Aufl. Stuttgart: Thieme.

Schneider, B./Grebner, K./Schnabel, A. & Georgi, K. (2011): Is the Emotional Response of Survivors Dependent on the Consequences of the Suicide and the Support Received? *Crisis: The Journal of Crisis Intervention and Suicide Prevention, 32 (4), 186–193.*

Shell Deutschland (Hrsg.) (2010): Jugend 2010. 16. Shell Jugendstudie. Konzeption und Koordination von Albert, M./Hurrelmann, K./Quenzel, G. & Infratest Sozialforschung. Frankfurt a. M.: Fischer.

Silva de, St./Parker, A./Purcell, R./Callahan, P. et al. (2013): Mapping the Evidence of Prevention and Intervention Studies for Suicidal and Self-Harming Behaviors in Young People. *Crisis: The Journal for Crisis Intervention and Suicide Prevention, 34 (4), 223–232.*

SINUS-Jugendstudie U18 (2012): Lebenswelten von Jugendlichen im Alter von 14 bis 17 Jahren in Deutschland. Verlag Haus Altenberg.

SOS Signs of Suicide® Prevention Program. http://www.mentalhealthscreening.¬org/programs/youth-prevention-programs/sos/ (Stand: 16.3.2014)

Spröber, N./Straub, K./Fegert, J.M. & Kölch, M. (2012): Depression im Jugendalter. MICHI – Manual für die Gruppentherapie. Weinheim, Basel: Beltz.

Staubli, S./Killias, M. (2011): Long-term outcomes of passive bullying during childhood: Suicide attempts, victimization and offending. European Journal of Criminology: *The Journal of the European Society, 8 (5), 377–385.*

Teismann, T. & Dorrmann, W. (2014): Suizidalität. Göttingen: Hogrefe.

Tomandl, G./Sonneck, G. & Stein, C. (2008): Leitfaden zur Berichterstattung über Suizid. http://www.suizidforschung.at/leitfaden.pdf (Stand: 5.1.2014)

Wahl, M./Patak, M. & Hautzinger, M. (2012): Lehrer als Trainer von Präventionsprogrammen für sozial benachteiligte Jugendliche. *Prävention und Gesundheitsförderung, 2, 107–114.*

Witt-Loers, St. (2009): Sterben, Tod und Trauer in der Schule. Eine Orientierungshilfe. Göttingen: Vandenhoeck & Ruprecht.

Wolfersdorf, M. (2011): Depressionen verstehen und bewältigen. 4. Auflage. Berlin, Heidelberg: Springer.

Wolfersdorf, M. & Etzersdorfer, E. (2011): Suizid und Suizidprävention. Stuttgart: Kohlhammer.

Yip, P.S.F. (2011): Towards Evidence-Based Suicide Prevention Programs. *Crisis: The Journal for Crisis Intervention and Suicide Prevention, 32 (3)*, 117–120.

Klinische Verfahren für Kinder und Jugendliche zur Abklärung depressiver Symptome

ADS Allgemeine Depressionsskala für Kinder und Jugendliche ab 12 Jahren und für Erwachsene von M. Hautzinger, M. Bailer, D. Hofmeister & F. Keller. 2. Aufl., 2012.

DIJK Depressionsinventar für Kinder und Jugendliche von 8–16 Jahren von J. Stiensmeier-Pelster, M. Schürmann & K. Duda. 2., überarb. u. neu normierte Aufl., 2000.

DTK Depressionstest für Kinder der 3. bis 6. Schulstufe (ca. 9–14 Jahre) von P. Rossmann. 2., überarb. u. erw. Aufl., 2005.

Krisen- und Notfallordner

Evangelisch-Lutherische Kirche in Bayern, Katholisches Schulkommissariat in Bayern (Hrsg.) (2006): »Wenn der Notfall eintritt«. Handbuch für den Umgang mit Tod und anderen Krisen in der Schule. Heilbronn und München.

KrisenKompass (2010): Handbuch für Lehrkräfte und Schulleitungen zum Umgang mit schweren Krisen im Kontext Schule. Bern: Schulverlag plus AG.

Landesinstitut für Lehrerbildung und Schulentwicklung (LI) Hamburg, Beratungsstelle Gewaltprävention (Hrsg.) (2008): Handlungsleitfaden für Hamburger Schulen. Hamburg.

Ministerium für Schule und Weiterbildung des Landes Nordrhein-Westfalen (Hrsg.) (2007): Notfallpläne für die Schulen in Nordrhein-Westfalen. Hinsehen und Handeln.

Ministerium für Bildung, Wissenschaft, Jugend und Kultur, Rheinland-Pfalz (Hrsg.) (2007): Eine Handreichung für den Umgang mit Krisensituationen an Schulen.

Heidrun Bründel

Schülersein heute

Herausforderungen für Lehrer und Eltern

2014. 168 Seiten. Kart.
€ 22,90
ISBN 978-3-17-023939-5

Die Lebenswelt von Schülerinnen und Schülern hat sich in den letzten Jahrzehnten grundlegend gewandelt. In Familie, Schule, aber auch im Freizeitbereich fanden, vorangetrieben durch den gesellschaftlichen Wandel, einschneidende Veränderungen statt. Neben die Bildung und Erziehung im familiären Nahbereich tritt mit zunehmender Bedeutung diejenige in öffentlicher Verantwortung. Hinzu kommen Internet und soziale Netzwerke, die den Alltag von Kindern und Jugendlichen heute durchdringen. Das Buch entfaltet vor einem breiten thematischen Horizont einen facettenreichen Überblick über die Lebenssituation und Lebensgestaltung heutiger Schüler. Es benennt exakt die Herausforderungen, denen sich Eltern und Lehrer heute gegenüberstehen, und beschreibt die Aufgaben, die sich daraus ergeben.

Leseproben und weitere Informationen unter www.kohlhammer.de

W. Kohlhammer GmbH · 70549 Stuttgart
Fax 0711/7863 - 8430 · vertrieb@kohlhammer.de

Kohlhammer

Sonja Mohr/Angela Ittel

Motiviert unterrichten

Effektive Wege aus der Motivationsfalle

2014. 175 Seiten. Kart.
€ 24,99
ISBN 978-3-17-023068-2

Der Anteil der Motivation an schulischen Lehr- und Lernerfolgen ist unbestritten. Die raffiniertesten Unterrichtsmethoden scheitern ohne Eigenmotivation der Schülerinnen und Schüler. Genauso wichtig für die Lernbereitschaft von Schülerinnen und Schülern ist die Motivation der Lehrkräfte. Das Buch geht zunächst auf theoretische Modelle ein, die die schulischen, pädagogischen, aber auch gesellschaftlichen Ursachen der Motivation und Demotivationserscheinungen im Lehrberuf beleuchten. Die Autorinnen stellen dann konkrete Handlungsempfehlungen für Lehrerinnen und Lehrer in den Mittelpunkt. Wie lässt sich die persönliche Motivation im Schulalltag aufrechterhalten? Welchen Beitrag können dazu Arbeitsstrukturen, Schulleitungen und Kollegien leisten, um sich gegenseitig bei der pädagogischen Arbeit zu unterstützen? Das Buch stützt sich dabei auf aktuelle empirische Befunde aus neuesten Studien zur Arbeits- und Lehrermotivation und ist mit vielen praktischen Beispielen hinterlegt.

Leseproben und weitere Informationen unter www.kohlhammer.de

W. Kohlhammer GmbH · 70549 Stuttgart
Fax 0711/7863 - 8430 · vertrieb@kohlhammer.de

Kohlhammer

Bernd Ahrbeck

Inklusion

Eine Kritik

2. Auflage 2015
160 Seiten. Kart.
€ 24,99
ISBN 978-3-17-028779-2

Die schulische Inklusion ist heute allseits akzeptiertes Ziel für ein Mehr an Gemeinsamkeit von Kindern mit und ohne Behinderung. Allerdings bleiben hinter diesem Grundkonsens in der Inklusionsdebatte viele der anstehenden Fragen ungeklärt, darunter auch solche grundsätzlicher Art. Sie beziehen sich sowohl auf die konkrete Umsetzung als auch auf die Fernziele der Inklusion. Der Autor greift diese Fragen entschieden auf. Er spricht die neuralgischen Punkte in der Integrationsdebatte differenziert an, weist auf Widersprüche und ungelöste Problemstellungen hin, wobei Polarisierungen, die einer konstruktiven Weiterentwicklung der Inklusion im Wege stehen, vermieden werden.

Leseproben und weitere Informationen unter www.kohlhammer.de

W. Kohlhammer GmbH · 70549 Stuttgart
Fax 0711/7863 - 8430 · vertrieb@kohlhammer.de

Kohlhammer